비온 뒤에 무성한
조롱박 넝쿨

❖ 토란의 너울너울한 잎이 연잎처럼 아름답다

❖ 아란야 선원 전경. 흔쾌히 머물게 하신 분을 생각하면 기원정사를 지어 보시한 수달다 장자가 머리에 떠오른다

❖ 법당 내부에는 큰 스님이 보시하고 산승이 손수 조성한 부처님이 계시다

❖ 결제 용상방에는 18명의 대중이 있다

❖ 좌선실에서 공양 준비 중에 개인식탁을 놓고

❖ 좌선실 일부에 놓인 발우 선반

❖ 사래 긴 밭에 물을 주고 나서

비온 뒤에 무성한
조롱박 넝쿨

머 리 말

　그새 30여 년 전의 일이다. 조계산 송광사에 살 때에는 송광사가 제일인 줄로 알았다. 송광사의 청정한 옛 모습이 그렇게 좋았다.
　그 뒤 해인사 강당에서 지낼 때에는 대장경각에서 바라보는 아름다운 석양 노을에 반하여 해인사가 제일인 줄로 알았다.
　법문 때에는 호랑이 같은 성철 스님이 금구金口를 열어 말씀하셨다.
　"중, 노릇, 잘, 하려면, 정신, 바짝, 차리란, 말이여! 내 말, 알아, 듣겠어? 여기, 중노릇, 오래, 할 사람, 하나도, 없어! 아파트, 한 채에, 예쁜 마누라에, 큰 돈다발만 주면, 다, 나갈 것이란, 말이여!"
　걸망을 지고 선방에 다닐 때였다.
　희양산 봉암사에서 몇 철 안거 중 안식처를 찾았다고 하여 봉암사가 또 제일인 줄 알았다.
　바람 따라 미국에서 프랑스에서 그리고 중국과 일본 어느 고찰에서 머물 때에는 그 절이 제일인 줄로 알았다. 한국에 돌아와서는 성북동 길상사와 사간동 법련사도 그런대로 좋았다.
　이렇게 머물다가 훌쩍 떠나면 별것 아닌 것을! 어디가나 청정한 풍광이 있음에랴. 이곳 아란야에서 보는 달의 모습이다. 마치 부처님이 주무시는 우협 잠으로 오른쪽 옆구리를 바닥에 붙이고 계신다. 토굴 주위에는 조롱박 넝쿨이 우후죽순雨後竹筍처럼 싱싱하다.

아란야에는 누가 옆에 있어도 좋고 없어도 좋다.

산승의 손님 대접은 맨 먼저 온 손님이다. 그 다음은 손님이 손님을 대접한다. 한발 먼저 온 손님이 다음 손님을 대접하는 방법이다.

토굴 생활에서는 무엇을 먹을까, 무엇을 입을까 걱정하지 않아도 좋다. 텃밭에 나가면 상추, 케일, 고추, 들깻잎, 토란, 가지, 토마토, 콩, 단 호박, 조선호박, 고구마, 옥수수 등 먹을 것이 널려있다.

토굴 입구에는 향기로운 연꽃이 피었다가 밤이면 오므라들고 족두리꽃은 늦가을까지 사천왕처럼 좌우에 서있다.

이제 두해 넘게 농촌 쪽으로 내려와 생활해보니 아란야 토굴이 제일 좋아라.

비온 뒤에 무성한 조롱박 넝쿨	夏爬雨後 生長大
눈 내리는 동천에 달은 우협잠	冬月雪夜 右脅眠

불기 2551년 11월 20일
칠보산 아란야 선원에서 글쓴이

차 례

머 리 말

제1장 스님 이야기

석두 스님 · 14
성철 스님 · 17
서암 스님 · 21
경봉 노스님의 일화 · · · · · · · · · · · · · · · · · · · 24
산승이 한때 모신 스님 · · · · · · · · · · · · · · · · · 28
법정 스님 · 31
만해 한용운 스님 · 41
만행한 스님 이야기 · · · · · · · · · · · · · · · · · · · 46
교연 선사 · 60
월명암 · 63
배휴 이야기 · 66
주지 스님의 예수님 믿기 · · · · · · · · · · · · · · · 68
귀신에 놀라 쓰러진 스님 이야기 · · · · · · · · · 70
금강경 박사에 얽힌 이야기 · · · · · · · · · · · · · 74
너만 좋냐, 나도 좋다 · · · · · · · · · · · · · · · · · · 77
꽃나무 가꾸기 · 80
소설 같은 이야기 · 83

제2장 산승의 자화상

봉명재 시절 1 · 88
봉명재 시절 2 · 91
산승의 청소년 시절 · · · · · · · · · · · · · · · · · 94
산승의 중학시절 · · · · · · · · · · · · · · · · · · · 98
중학시절 미완성 출가 · · · · · · · · · · · · · · · 101
과거생 인행담 · 106
조계산 송광사 출가 · · · · · · · · · · · · · · · · 110
나의 종교 · 115
해마다 봄이 되면 · · · · · · · · · · · · · · · · · · 118
불국선원의 추억 · · · · · · · · · · · · · · · · · · 121

제3장 비온 뒤에 무성한 조롱박 넝쿨

고구마를 캐면서 · · · · · · · · · · · · · · · · · · 124
유쾌한 초파일 · 126
산마을로 띄우는 편지 · · · · · · · · · · · · · · 130
솔향기 속에 결제 준비 · · · · · · · · · · · · · · 136
장윤이 아버지 · 138
토마토를 따면 · 142
황금 들녘 앞에서 · · · · · · · · · · · · · · · · · 144
명절 여담 · 147

녹차 라면 · 151
수제비 예찬 · 154
절 음식 김장 · 157
무 구덩이와 무말랭이 · · · · · · · · · · · · · · · · 160
한여름 밤의 연차 모임 · · · · · · · · · · · · · · · 162
단오 사찰 음식 연잎밥 · · · · · · · · · · · · · · · 164
연꽃, 그 청초한 아름다움 · · · · · · · · · · · · · 167
연꽃 같은 청순한 모습 · · · · · · · · · · · · · · · 170
연꽃의 아름다운 특성 열 가지 · · · · · · · · · · 172

제4장 세상 사는 이야기

왕희지 · 176
평생 써먹는 무용담 · · · · · · · · · · · · · · · · · 179
목조각가 외팔 남자 · · · · · · · · · · · · · · · · · 183
유머 한 토막 · 186
발원하는 불자 · 188
불자가 간소하게 재와 차례를 모시는 방법 · · · · 192
유턴 대학교 학생 · · · · · · · · · · · · · · · · · · · 196
30여 년 전의 회상 · · · · · · · · · · · · · · · · · · 199
휴대 전화 · 201
환상통 · 203

하늘은 해와 달을 자랑하지 않는다 · · · · · · · · · · · · · 205
초발심의 풋풋함 · 208
적절한 가르침 · 212
공명의 세계 · 215
염라대왕은 누가 될까 · · · · · · · · · · · · · · · · · · · 220
알부자 이야기 · 222

제5장 용수보살 참회문

은행나무 바리때 · 228
달마도 사품 · 230
십념 · 233
여름 수련회 · 236
기억나는 수련생 · 238
수련의 과제, 참나 · 240
불교의 세 가지 본질 · · · · · · · · · · · · · · · · · · · 243
용수보살 참회문 · 244
전삼삼 후삼삼 · 249
심우도 · 251
대은귀감 · 263

제1장
스님 이야기

석두 스님

대각의 땅, 원각의 도량은 어디인가? 圓覺道場何處
지금 생사가 있는 바로 이 자리니라. 現今生死卽是

팔만대장경을 보존하고 있는 장경각 법보전 좌우에 걸려있는 주련柱聯 내용이다. 마음이 시비분별을 떠나 청정해지면 지금 우리가 살고 있는 이 세상이 바로 극락이라는 뜻이다. 이 게송을 지은 분은 금강산 도인이라는 석두石頭 스님. 석두 스님은 효봉 스님의 은사되신 분이다.

출가의 이야기이다.

석두 스님은 조선조 말 함경도 명천에서 태어나, 형제들이 많은 가난 속에서 어린 시절을 보냈다.

출가 전에 서당을 다닐 때의 일이다. 기울어져가는 국운을 지켜보며 방황하였다. 어느 날 그가 무작정 집을 나와 발길이 닿은 곳은 변방을 지키고 있는 병사였다.

그렇다. 군인이 되어 나라를 구하자. 스님은 책임자인 대장과 마주하여 군인이 되겠다는 포부를 털어놓았다. 그러나 대장은 의외의 말을 하였다.

"나라를 구하려는 마음은 이해하겠네만, 자네는 군인보다는 스님이 되는 게 좋겠군."

스님은 군문에 들어가려고 마음밖에 없었으나 이번에도 발길 닿은 곳은 생각 밖의 절이었다. 스님은 생각하였다.

"아, 출가는 불연佛緣이구나!"

그 길로 석왕사釋王寺에 입산을 하였다.

그 전날 석왕사 부전 스님의 꿈이 특이하다 하여 스님은 대중 스님들로부터 축하를 받았다. 용 한 마리가 일주문에서 하늘로 승천하는 모습을 보았던 것이다.

그리하여, 스님은 처음부터 입산 절차를 거치지 않고 곧바로 삭발하고 구족계를 받는 파격적인 대우를 받았다.

일화 하나.

때는 일제 강점기에 해인사 주지로 있는 이회광(李晦光, 1862-1933) 스님시대였다. 그는 친일을 대표하는 인물이다.

1910년 무렵은 이회광 등 일부 스님들이 일본의 조동종曹洞宗과 손을 맞잡고 조선불교朝鮮佛敎를 일본 불교에 예속隸屬시키려는 친일 행위를 드러내놓고 한 때였다.

해인사 대적광전에서 이회광 스님이 법문을 하는 날이다. 그는 위풍당당하게 법상에 올라 구름같이 모인 사부대중 앞에서 사자후를 하였다. 청산유수로 이런저런 말을 막 쏟아낸 순간이다.

"팔만 사천 법문이 다 이 산승의 입으로부터 나왔느니라."

이때였다. 선방의 한 스님이 법상 앞에서 삼배를 올리고 법담을 청하였다. 이회광 스님은 가볍게 고개를 끄덕여서 승낙을 하였다.

선방 스님이 또박또박 되물었다.

"팔만 사천 법문이 다 스님의 입으로 나왔다면, 그럼 스님은 어디서 나왔습니까? 한 말씀 일러 주십시오."

이 말이 떨어지는 순간이다. 이회광 스님은 기가 막힐 노릇이었다. 더구나 사부대중은 물론 일본인 고위층 관리와 그 가족들이 배석한 자리에서 일이 터진 것이다.

이회광 스님은 말문이 꽉 막혀서 더 법문을 하지 못하고 슬그머니 자리를 뜰 수밖에 없었다.

법문이란 그런 것으로, 아무나 따라서 하는 법문은 언제 어디서 기막힌 일을 당할지 모르는 것이다.

선문답을 한 스님이 바로 석두 스님이다.

이후 해인사 선원은 창건 이래 처음으로 폐쇄 당하는 수난을 겪었고 그때에 선방 정진 대중은 뿔뿔이 다 흩어져버렸다. 이 까닭은 화가 머리끝까지 치민 이회광 스님이 주지직의 위세로, 선방 문을 모두 엑스x자로 각목을 대고 못을 친 탓이다.

성철 스님

투철한 선지식을 기리며

백운이 청산을 품에 안음이여	白雲 抱青山
퇴옹 노승의 우뚝한 정이로다	退翁 兀兀情
산이 산이고 물이 물임이여	山山 水是水
봄이 옴에 풀이 절로 푸르도다.	春來 草自青

즐거운 추억이 있다. 호랑이 인상이 풍기는 성철 스님의 이야기이다.

3,000배를 하고 백련암에 올라간 것은 스무 다섯 해도 더 지난 일이다. 그때 하안거 용맹정진에 들어간다고 화두를 타기 위해 치문반 도반 스님들이 단체로 20여명이 함께 간 것이다.

절을 할 때는 8시간쯤 걸렸다. 대적광전 부처님 탁자 뒤 다다미 바닥에서 일렬로 서서 하였다. 반장이 죽비를 치고 대중은 석가모니불 정근을 하면서 절을 하였다.

얼마나 바삐 절을 하였든지 비지땀이 가사 장삼에 배었고 땀에 젖은 가사 장삼 자락이 발가락에 밟혀서 기우뚱 넘어질 뻔도 하였다. 휴식이라고는 1,000배에 한번 소금물 한잔을 하고 바로 절을 하였다.

절과 전쟁하듯이 죽자 살자 하였다.

백련암에 올라갈 때에는 가재걸음을 하였다. 다리가 아파서 제대로 걸을 수가 없었기 때문이다. 간신히 기다시피 하여 지족암을 지나 백련암 입구에 도달하였을 때였다.

현판 백련암白蓮庵이 걸린 자리에서 가사 장삼을 바로 잡았다. 어른 스님을 친견한다는 설렘에 피곤한 줄도 몰랐다.

관음전을 지나 좌선실坐禪室에 도착. 성철 스님이 거처하는 곳이다. 좌선실 앞에 한 줄로 합장하고 서서 잠시 시자의 안내를 기다렸다.

드디어 좌선실에 입실.

성철 스님은 대나무 의자에 높이 앉아 절을 받으신다.

"절 3,000배 하니까 어떻더냐? 힘들지만 괜찮았지?"

우리가 대답을 하였다.

"네!"

"3,000배 절은 나를 보고 하라는 게 아니고 그런 마음으로 살라는 거야!"

"네!"

이때 흰 봉투를 하나씩을 건네주신다. 편지봉투이다. 봉투 안을 열어보고는 약간 실망하였다. 붓글씨로 백지에 쓰인 것으로 기대하였는데 그게 아니다. 화두 마삼근麻三斤 세 글자가 볼펜으로 쓰인 편지지 조각이 들어있다.

말씀이 계속되었다.

"올 여름 무척 덥단다. 용맹정진 들어가려면 각오를 단단히 해야 해. 죽자 살자 하고 덤벼야 한다."

"네!"

"이 화두는 마삼근麻三斤이야! 마삼근麻三斤! 마삼근이 무슨 말이냐 하면, 동산 양개 스님이 계셨지. 한 스님이 동산 양개 스님을 찾아와서 떡 물었어.

'부처란 무엇입니까?'

이때 동산 양개 스님이 대답하셨어.

'마삼근, 삼이 서근이다.'

무슨 말인지 알겠지? 마삼근, 이 말은 천하 선지식을 하나로 뚤뚤 뭉친 말씀이야.

왜 마삼근이라고 말씀하셨는지 잘 참구해보란 말이야! 동산 스님의 뜻이 무엇인지 알겠어?

그럼, 내려가 봐, 화두 참구 잘해라!"

어수룩하게 청색 볼펜으로 쓰인 것이 행여 구겨질세라 조심스럽게 봉투를 들고 큰절로 내려왔을 때였다. 저녁을 먹기 전에 누가 우리를 보고 말한다.

"야, 그것, 행자가 쓴 글씨래!"

"뭐? 행자 글씨?"

모양에 집착하여 큰 스님 글씨로 생각한 우리는 또 한 차례 실망하였다.

이제 성철 스님에게 보답하는 말이 있다.
"성철 스님도 확철대오廓徹大悟해서 깨닫지 못했더군!"
제자는 스승을 뛰어 넘어야 진정 스승의 은혜에 보답하는 것이다. 스승의 그늘에 눌러 앉아 스승의 영광으로 사는 것은 진정 스승을 위하는 제자가 아니다.
한때 성철 스님은 스승인 동산 스님을 법상에서 평하였다.
"내가 보니 내 스승 동산 스님도 아직 못 깨달았어!"
이 말끝에 한 노승이 불끈해서 성철 스님을 향해 염주를 휙 던지면서 소리 쳤다.
"너는 얼마나 확실히 깨달았냐?"
성철 스님이야말로 스승 동산 스님의 효상좌이다. 스승의 은혜에 보답한 훌륭한 제자이다. 성철 스님은 사자후 한다.
"송광사 보조 국사는 확철대오로 깨달은 분이 아니야!"
진정 송광사 보조 국사를 높이신 말씀이다.

서암 스님

종정을 지내신 서암西庵 스님의 일화 몇 가지가 있다.

우선 거지에게 탁발한 일화이다.

어느 날, 거지촌으로 탁발 나간 때였다.

마을 어귀에 있는 한 움막 앞에 서서 요령 소리를 내며 염불을 하였는데 집 안에 있던 거지는 깜짝 놀라 어쩔 줄 몰라 했다.

이때 염불을 다 마친 스님은 빈 발우를 내밀며 말하였다.

"아무것이나 적선하시오."

당황한 거지는 말하였다.

"줄 것이 없네요. 방금 먹다 남은 주먹밥이 조금 있습니다."

스님은 말하였다.

"그것도 좋은 적선이요."

조금 지나 거지는 작은 주먹밥을 스님께 내밀었다.

스님이 그것을 받고 돌아서려는 순간이다. 거지의 얼굴에서 말할 수 없는 행복감이 연꽃처럼 번지는 것을 보았다.

뒷날 서암 스님은 그날을 회상하면서 말씀하신다.

"그런 행복한 얼굴을 그 전에도 보기 힘들었고 그 후에도 보기 힘들었습니다."

산승이 희양산 봉암사에서 지낼 때에 서암 스님은 조실이셨고 나는 선원 후원 살림을 맡은 원주 소임을 보았다.

상의 드리러 조실채에 올라가면 스님은 베니다 합판 위에서 장

좌를 하고 계셨다. 방이 차야 한다고 하면서 군불을 많이 못 때게 하였다. 찬 방 안에서 오래 지내자니 돌 같은 냉방에서 베니다 합판을 아랫목에 깔고 지내는 게 스님의 아이디어였다.

베니다 합판은 종이 한 벌을 바른 것이다.

이 위에 앉아 지내면 그래도 냉기가 좀 덜하다. 또 딱딱하기 때문에 정신도 바짝 긴장한다.

스님은 말씀한다.

"이 베니다 합판이 좋아요. 내가 늘 권하는데 수좌가 방안에 이것 하나 있으면 겨울을 잘 날 수가 있어요."

그래서 산승도 한때는 베니다 합판을 깔고 지낸 적이 있었다.

한번은 깨달은 몇몇 수좌에게 전법게를 내려서 소위 깨달음 인가를 하였다는 소문이 났을 때에 대중 스님들이 동요하였다. 과연 누가 얼마나 공부를 하였기에 인가를 내렸을까?

점심 공양을 마치고 발우를 다 싼 뒤였다. 대중 중에 한 수좌가 큰 스님께 정중히 예를 갖추어 여쭈었다.

"스님, 아무 스님에게 깨달음의 인가를 하고 전법게를 내리신 것이 사실입니까?"

서암 스님이 웃으면서 말하였다.

"나도 깨달음이 없는데 누구에게 법을 전합니까?"

대중은 의심 없이 자리를 털고 일어섰다.

좀 시간이 지나서야 조실 스님이 후학을 능수능란하게 다루는 방법인 줄을 깨달았다. 선지식이 우리를 가지고 노는 것이었는데 우리는 그것을 눈치 채지 못하고 곧이곧대로 믿었던 것이다.

선가귀감에서 말한다.

"석가도 몰랐거니 가섭인들 어찌 전하랴?"

그때 우리는 아직 이 수준에 미치지 못하였다고 생각하니 웃음이 나온다.

올 설에는 그 깨달음의 인가를 받았다는 스님 한분에게서 내게 편지 한통이 왔다. 손가락이 달을 가리킨 모습의 묵화 아래에는 다음과 같은 글이 씌어있다.

"이순耳順, 60세를 축하합니다."

벌써 산승의 나이가 60이라니!

경봉 노스님의 일화

극락암에 올라가서 경봉 스님을 뵙고 참선을 배우려는 사람들이 구름 같이 많았다.

경봉 스님은 먼저 묻는다.

"극락암에 길이 없는데 어떻게 왔는가?"

아니, 길 따라 온 사람이 백이면 백 다 놀랄 수밖에.

하근기는 말한다.

"길이 있어서 왔습니다." 혹은

"….. (침묵)…."

그러나 상근기는 되묻는다.

"여기 길이 없는데 노스님은 어떻게 와 계십니까?"

개는 돌멩이를 좇아가고 사자는 돌을 던진 사람을 물어간다는 말과 같다. 참선 공부는 그렇게 시작한다. 남의 말에 따라가다가는 평생가도 자신을 지키기 어렵다는 뜻이다.

참선해라

옛날이야기. 임종을 앞둔 위급한 환자에게 경봉 스님이 병문안을 갔을 때였다.

환자가 경봉 스님에게 매달려 살려달라고 애원을 하자, 경봉 스님이 말하였다.

"야야, 참선해라. 참선!"

죽어가는 목숨을 보존하기 위해 안간 힘을 쓰는 사람에게 한 말이다.

🌿 해우소와 휴급소

6.25 한국전쟁이 끝나 얼마 지나지 않은 때의 이야기이다.

경봉 스님의 붓글씨는 유명하다. 초서가 특히 돋보인다. 일본에서 글씨를 볼 줄 아는 한 풍류객이 말한다.

"한국에서 글씨가 도필인 분은 경봉 스님이요."

그러나 통도사 큰절 구하九河 사형님 생전에는 글씨를 자랑스럽게 건네주는 일을 삼갔다. 구하 사형님에 대한 예의를 다하려는 생각 때문이었다. 당시 구하 스님의 글씨도 대단하였다.

한번은 시자에게 나무토막 팻말에 붓글씨를 써서 주며 말했다.

"너, 이것을 변소에 갖다 걸어라."

달필로 쓴 휴급소休急所와 해우소解憂所라는 두 글씨이다.

휴급소는 소변보는 곳을 말하고 해우소는 대변보는 곳을 말한다. 요즘 절의 화장실에 해우소란 푯말을 단 시초는 여기서 유래된다. 화장실에서 일을 보면서 대소변을 버리듯이 탐진치 삼독심도 그렇게 버리라는 법문이다.

경봉 스님은 말씀하신다.

"늘 근심 걱정만 하고 살 바에 무엇 하러 어머님으로부터 나왔느냐? 좀 근심스럽고 걱정되는 일이 있어도 털어버려라."

"일상생활이 그대로 불법佛法이고 도道다. 밥하고 옷 만들고 농사짓고 장사하는데 도道가 있다. 하루 한 시간은 자기 주인공主人公을 찾는데 전력을 다해야 한다."

경봉 스님 오도송

1927년 11월 20일, 서른여섯 살 때의 일이다. 한 겨울에 찬바람이 문틈으로 들어올 때에 촛불이 춤을 췄다.

"파파파팟."

이때 경봉 스님이 일대사 인연을 마치며 오도송을 읊었다.

내가 나를 온갖 것에서 찾았는데	我是訪吾 物物頭
눈앞에 바로 주인공이 나타났네	目前卽見 主人樓
허허 이제 만나 의혹 없으니	呵呵逢着 無疑惑
우담바라 꽃의 빛이 온누리에 흐르는구나	優鉢本花光 法界流

경봉(鏡峰, 1892-1982) 스님 일대기

경봉 스님은 경남 밀양에서 태어났다.

출가는 어머니가 돌아가시자, 삶과 죽음의 문제를 풀기위해 열여섯 살에 결행한다.

스승 성해 스님의 신임을 받아 행정 업무를 맡고 있던 어느 날 그는 화엄경에서 이런 구절을 보고 발심해서 선방으로 갔다.

"종일토록 남의 보배를 세어도 반 푼어치의 이익도 없다[終日數他寶 自無半錢分]."

선방에서 그는 극한상황을 체험했다.

겨울 내내 입안에 얼음을 물고 수행하다가 입안이 다 망가졌고, 졸음을 쫓기 위해 줄로 높이 목을 매단 채 좌선하였으며, 자결할 각오로 6개월 동안 누에고치처럼 들어앉아 정진을 하였다.

1982년 7월 17일 열반에 든 때였다.

시자가 물었다.

"스님, 가시면 보고 싶습니다. 어떤 것이 스님의 참모습입니까?"

경봉 스님은 말하였다.

"야반삼경에 대문 빗장을 만져봐라."

산승이 한때 모신 스님

　산승을 법화 행자로 키우려 했던 해인사 법화 노스님 이야기이다.
　우선 법화경 경전 7권을 부처님으로 여겨서 항상 경배하고 지내는 법화 노스님의 법제자가 될 뻔한 인연이다.
　그때 산승은 법화 노스님의 절반의 절반도 못되는 신심을 가지고 있었다. 솔직히 한 스님의 법제자로 지목을 받게 된 것은 이번이 처음이었다.
　허나, 노스님을 만나 주목을 받다가 곧 툇자를 맞고 떨어져버렸는데 대단한 사건이었는지 간혹 생각에 떠오르곤 한다.
　송광사에 출가하여 얼마 안 있다가 해인사 강당에 입학하여 3학년이 되던 해였다. 공부를 하면서도 한편으로는 행자실에 나가 행자님들에게 초발심자경문 강의를 나가고 있었다.
　이 무렵 산내 암자인 홍제암에서 법화 노스님이 부른다는 전갈을 받고 찾아뵈었다.
　'왜 부르신 것일까?'
　이런 의문이 인사를 올리고 나서 곧 풀렸다. 노스님이 말씀하신다.
　"음, 잘 왔어. 음, 스님의 신심이 장하고 경전 강의를 잘한다고 해서 부른거야. 한번 법화경을 내게 배워 공부할 생각은 없어?"
　손수 펴신 법화경 한 질을 건네주신다.

산승의 한문 공부는 어린 서당시절로 거슬러 올라간다.

마을 뒷산 사자산 기슭에는 봉명재鳳鳴齋라는 서당이 있었다. 어린 시절에 서당에서 학문의 기초를 닦아서인지, 한자를 즐겨하고 문방사우를 가까이 두고 지내는 편이다. 산승이 절에 와서 좀 잘난 체 하는 것은 순전히 서당공부의 한자 실력일 것이다.

노스님은 그런 산승을 원했다.

노스님은 일화가 많은 분이다.

개구멍 같은 출입문이 난 방안 구조를 가지고 있었다. 아무도 법화경을 봉안한 자리에 들어오지 못하도록 한 조치이다. 비단으로 곱게 싸서 불단 위에 모신 방이다. 이 방안에서 나를 가르치기로 한 것이다. 산승은 이 방을 출입을 할 때마다 무릎걸음으로 기어들어갔다가 기어 나오곤 하였다.

노스님의 초발심 시절이다.

수도암까지 김천 시내에서 한번도 쉬지 않고 불전에 켤 기름을 지게에 져 나른 스님이다. 불전 공양물을 땅에 내려놓으면 안 된다고 배운 탓이다. 땀을 펄펄 흘리고 기를 쓰고 끝까지 버틴 스님이다.

또 같은 이야기인데 김천 신도들이 약값으로 주기에 차비가 한 푼도 없어서 김천서 수도암까지 걸어서 온 일이 있었다.

하루는 노스님이 김천 시내로 나를 데리고 나가 신도 단월들을 만나게 하고는 말하였다.

"음, 보살님들, 이 스님이 앞으로 내게 법화경을 공부할 스님이니, 잘 후원해 주시오."

여러 보살님들이 합장하며 이구동성으로 말하였다.

"네에, 스님."

이때 보살님들이 목판본 화엄경 한질을 내게 보시한다고 하였다. 화엄경은 내가 4학년에 올라가 배울 경전이다. 산승은 기분이 우쭐해져 날을 듯 했다. 김천서 돌아오는 길에 노스님이 말하였다.

"법화경이 내 평생 공부인데 이제 스님을 만나 다행이야!"

"네, 스님. 열심히 해보겠습니다."

노스님은 괴각에 가까운 성미가 있었다. 산승이 공부를 할지 말지 이런 의문이 첫날 곧 풀렸다.

그날은 첫 강의 시간이었다. 법화경 책 첫 장을 열고 노스님의 강의를 들었다. 산승은 전날 예습해온 법화경을 펼쳐두고 열심히 귀담아 들으려고 안간 힘을 다 하였다. 이윽고 강의가 끝났다.

산승이 책을 덮으려다 말고 입을 열었다.

"스님, 부처님 경전에 오자 하나를 내면 지옥 한군데를 간다고 합니다. 스님은 몇 지옥을 가실 것입니까?"

노스님이 말을 하였다.

"무슨 말이냐, 지옥이라니?"

산승이 오자를 표시한 책장을 여기저기 펼치며 말하였다.

"네. 법화경에 틀린 글자가 이렇습니다."

"…………"

노스님의 긴 침묵.

법화경 첫 강의를 받고 큰절로 돌아왔을 때에 노스님의 전화가 걸려왔다. 강의를 받으러 다시는 오지 말라는 전갈이다.

"넌, 그만둬야겠어!"

이 말 다음에 덜커덕 하고 전화가 끊어졌다. 그 뒷날 다시 전화가 한차례 더 왔다. 역시 법화경 공부를 그만 두라는 말이다.

법정 스님

🌿 법정 스님의 유머

법정 스님의 정혜원 시절은 출가 이전의 시기이다. 정혜원은 목포시 죽동에 위치한다.

선학원 소속 정혜원은 비구승이 편하게 객으로 머무는 절이다. 당시 송광사 스님이 머물고 있었다.

정혜원에서 뒷방을 빌어 공부하고 지내면서 객으로 와서 하는 스님들의 법문을 들을 기회가 많았다.

일초→超 스님인 고은이 그런 분이고 일관→觀 스님인 박완일이 그런 분이다. 환속 후 거사로서 제 역할을 잘 하신 분이다.

다같이 송광사 효봉 문하의 제자들이다.

이들은 뒷날 법정 스님을 회고하면서 말한다.

"내가 법정을 꼬셔서 중 만들었제."

그들의 법문을 듣고 법정 스님이 크게 발심했기 때문이란다.

하여간 인행忍行 시절을 거치면서 출가의 꿈을 현실화 한 것은 사실이다. 살아보고 결혼 하기란 말처럼 정혜원 절에서 살아보고 출가하였는지 모른다.

세월이 흘러 법정 스님이 출가한 이후 스무해가 훌쩍 띈다.

월간 샘터와 중앙지 조선일보, 동아일보의 법정 스님 고정란이 크게 인기를 끌어 산방 한담 등 수필집마다 베스트셀러 대열에 올랐다.

　이런 어느 날이다. 조계산 불일암 처소에 모친이 찾아와서 아들 법정 스님을 본 것이 마지막이었다. 노모를 업어 조계산 골짜기 개울의 징검다리를 건네드리고 올린 하직인사가 모자간 이승의 작별 인사였다.

　그리고는 어느 날 모친 상喪을 입었다. 출가자가 하는 일은 49재 천도재였다. 가까운 스님들과 목포에 가서 모친 천도재를 모셨다.

　천도재가 끝나고 여러 친척들과 인사를 나누었을 때였다. 법정 스님이 유명한 스님이다보니 일가 친척 조카 손자까지 대번에 알아봤다.

　조카들 가운데에는 교회를 다니는 사람이 의외로 많았다.

　"내가 보통 중도 아니고 이름 있는 중인데 이 삼촌 체면을 봐서라도 다시 절에 다니도록 해라!"

　조카들이 모인 앞에서 법정 스님이 한참동안 훈계를 하였다.

　"하하, 내 입으로, 내가 이름있는 중이라고 한참 훈계했다니까. 하하하."

　어린 시절 추억이 서린 학교와 동네가 있는 해남과 목포 여기저기를 돌아보고 하는 말씀이 있다.

　"우리가 꼭 죽은 혼이 되어 고향에 돌아온 기분이요."

　〈사랑과 영혼〉을 스님과 함께 보고 났을 때에 법정 스님이 물으셨다.

　"사랑이 주제인가, 영혼이 주제인가?"

　산승이 대답을 하였다.

　"이 영화는 영혼이 주제입니다."

"그래, 영혼이 주제인데 사랑을 통해 보여주는구먼."

그런 영혼이 이승을 떠나지 못한 채 인연있는 곳을 돌아다니는데, 마치 스님이 먼 추억 속의 고향에 발을 들여놓은 것과 같다는 것이다.

그렇다. 인생은 한마당 꿈이고 환상이다.

깨달음에 들지 못한 입장에서는 희노애락 모두가 실체 속에서 움직이고 있으나 이런 인생의 희노애락의 꿈을 깨고 나면 대자유인이기에 무위진인無爲眞人. 무위진인은 임제 스님의 핵심 법문이다. 법정 스님은 평소 그렇게 살라고 무위진인 법문을 하시곤 하였다.

묵언중默言中

법정 스님이 묵언 중에 겪은 이야기이다.

어느 해, 겨울이다. 삼동 결제를 하고 혼자 토굴에서 지냈을 때의 일이다.

마당 한쪽에는 방문객에게 알리는 표지판이 세워져 있었다.

"묵언중默言中"

송판松板에 쓴 붓글씨이다. 방문객은 누구나 일체 말을 시키지 말라는 뜻이다. 삼동 결제에 토굴에 찾아온 방문객은 말없이 발길을 돌려야했다.

책을 선물로 가져온 사람은 메모를 책 사이에 끼워 남기는 게 고작이었다. 간혹 묵언중인 노스님과 마주쳐도 노스님의 시퍼런 서슬에 합장하고 피하였다.

역사상 초인적인 묵언을 한 분은 대매大梅 법상法常 스님을 들

수 있다.

마조 도일馬祖道一 스님의 법제자로 전등록에 올라있는 분이다.

외딴 토굴에서 묵언 수행 끝에 큰 깨달음을 얻고 수십 년을 묵언으로 지녔다.

한편으로는 주위에 야생한 코끼리와 교감이 된 뒤에 스님의 무덤을 코끼리가 세운 바가 있는 보기 드문 일화를 남긴 분이다. 포크레인으로 들어올릴 만한 큰 돌덩이를 코끼리가 쌓아올린, 세계에 단 하나밖에 없는 스님의 무덤이다.

이듬해 봄이 왔다.

삼동 결제의 묵언을 풀고 노스님이 처음 만난 사람은 약초를 캐러온 인근 마을 할아버지였다.

"스님, 물 한 모금 하려고 왔습니다."

노스님이 혀를 겨우 움직여 말을 건넸다.

"아, 드세요."

그러나 노스님은 다실로 할아버지를 불러들여 자리를 폈다.

"녹차 한잔..."

약초를 캐러온 할아버지는 마음이 딴 데 가 있었다. 어서 자리를 뜰 생각을 하고 녹차를 마셨다.

다시 두 잔, 세 잔.

"자, 이젠 일어나야지."

자리를 털고 일어났을 때에, 노스님이 할아버지를 놔주지를 않았다.

"잠깐!"

".... ?"

할아버지가 자리에 앉아서 잠시 머뭇거렸다.

노스님이 벽장문을 열고 양말을 꺼내 두 컬레를 할아버지에게 건네주며 말을 시켰다.

"할아버지, 젊었을 때 힘이 좋으셨겠어요."

별 말이 없는 할아버지는 인사말을 간혹 건넸다.

"아, 네."

이런저런 이야기를 10분쯤 나누다가 다시 떠나려는 할아버지. 할아버지가 약초 캐는 작은 연장이 든 자루를 챙겼다.

"아, 참. 이것 빠뜨렸네!"

노스님은 중요한 일을 놓친 듯 서둘렀다. 다시 할아버지를 주저앉힐 구실을 찾은 것이다.

"오늘은 약초보다는 이것을 가져가 드세요."

노스님이 벽장 안에서 꺼내놓은 것은 벌꿀에 절은 인삼이다.

"아, 이 귀한 것을....스님이 드시지 않고..."

할아버지는 사람과 이야기를 나누고 싶어 하는 노스님의 심정을 헤아렸다. 그리하여 아예 주저 앉아 점심까지 얻어먹으며 말상대가 되어주었다.

이 일을 두고 노스님이 말하였다.

"그때 겁이 나던구먼. 할아버지가 일어서면...하하."

사람이 그렇게 귀한 적이 없었단다.

고슴도치의 생태에 따르면, 서로 바짝 붙어 지내면 가시에 찔려 상처가 생기고 서로 멀리 떨어져서 지내면 춥고 외롭다.

사람은 사회적인 동물. 함께 어울려서 지내는 것이 우리 사회이다. 혼자서 할 수 있는 것은 아주 적고 함께 어울려 해야 효과가 크다.

그런데도, 우리 주위에는 혼자 토굴 생활 하는 수행자나 미혼 독신자가 늘어가는 추세는 무엇을 말하는가. 그 까닭은 고슴도치처럼 가시에 찔리는 상처가 두렵기 때문일까.

이렇게 인간관계는 미묘하다. 내가 없어지면 만사가 형통하다는 말처럼 자신을 죽이는 공부가 부족하기 때문에 그런 것일 것이 아닐까.

🌿 불일암을 찾은 두 노인

얼음같이 차가워 얼음 선사라 할 만한 법정 스님께도 인정이 따뜻한 이야기가 있다.

어느 해 여름날이다. 조계산 불일암에 귀한 객이 찾아왔다.

먼저 찾아온 할머니 한분은 하숙집 주인이고 뒷날 찾아온 한분은 어머니시다.

농사꾼 같이 검게 탄 이마에 주름살이 많은 할머니가 말하였다.

"학생이 이렇게 유명해질 줄은 꿈에도 몰랐구먼요."

스님의 설명이, 대학 다닐 때에 하숙집 아주머니가 이제 30년 넘어 할머니가 되신 거라고. 법정 스님이 반가워서 이것저것 꺼내서 할머니에게 쥐어드렸다.

다실에서 차를 마시며 이야기를 나누었다.

"테레비에서 보니깐, 아 글쎄 학생이더구먼요. 어찌나 반가운지…."

법정 스님이 활짝 웃었다.

"하하하."

까마득한 세월 속에 낯설지 않은 얼굴을 마주하자니 만감이 오고간다.

"할머니, 그 동안 어떻게 지내시요?"

"뭐, 별 일 없이 그렁저렁 지내구먼요. 내 죽기 전에 한번 학생 얼굴 뵈려고 마음 먹구 왔지요."

하얀 옷으로 치마저고리를 깔끔히 차려 입은 할머니가 떠나갔다.

산새가 울었다.

법정 스님이 산새 소리에 따라 잠시 휘파람 소리를 내었다.

"휘이히, 휘이히."

산은 다시 고즈넉해졌다.

어머니는 만인의 사랑의 상징이다.

언제 어머니 곁을 떠나왔는지 모른다. 출가 후 얼음 선사는 냉정하게 어머니를 뵈러 마을 집에 찾아간 적이 없다.

간간히 바람결에 어머니 소식을 들을 뿐, 그리 멀지 않은 곳인데도 발길이 떨어지지 않는다.

헌데 늙으신 어머니가 친히 불일암에 찾아오셨다.

얼마만인가. 그저 감득할 뿐이다. 수인사 외에 별 다른 말이 필요 없다. 세월 속에 빛바랜 창호지처럼 늙으신 어머니 얼굴과 마주한다.

어머니가 세상을 떠날 준비로 마지막이자 처음 아들 얼굴을 보러 온 탓일까. 갑자기 죽음이 생각에 떠오른다.

어머니가 하산하는 길에 얼음 선사는 어머니를 업고 징검다리를 건넸다. 징검다리에는 조계산 골짜기 물이 콸콸 소리 내어 흘러내렸다. 발이 미끄러지지 않게 어머니를 바짝 올려 업었다. 어머니가 아주 가볍다.

어머니는 지금 아들의 등에 업혀서 무엇을 생각하고 계실까.

이것이 모자 상봉의 마지막 장면이다.

옛사람은 말한다.

"우리의 삶은 물처럼 흐르는 것이다. 애증이 뒤얽혀서 피범벅이 된 지옥이거나 초탈하게 삶을 관조하는 열반이거나 이렇게 흐르는 것이다."

새의 날갯짓

창공을 훨훨 나는 새처럼 이웃과의 아름다운 만남을 생각한다. 불리불착不離不着. 떨어지지 않으면서 붙지도 않는다. 새의 날갯짓은 너무 가까우면 서로 닿아 불편해지기 때문에 도반道伴은 의지처가 되지만 다치지 않아야 미덕이다. 고슴도치의 경우에도 추우면 모여들지만 너무 가까워지면 상대방의 가시에 찔려 피를 흘리게 된다.

특히 선禪 법문에서 말한다.

"유무有無의 양변兩邊에 떨어지지 말라."

최근에 자기 관리에 철저한 두 큰 스님의 예를 든다면, 한 분은 성철性徹 스님이시고 다른 한 분은 법정法頂 스님이시다.

성철 스님은 면담자에게 3,000배를 시켜서, 부처님께 예경하는 마음을 일으키도록 하고 한편, 가벼이 면담하는 일을 차단시켰다.

　법정 스님은 아예 우리 곁에서 멀리 떠나 일상 잡사에서 놓여나는 한편, 자기 본분사에 충실하고자 하였다.

　그러나 절구통 수좌라고 일컫는 정진 제일 효봉曉峰 노사는 말년에 시자와 함께 방바닥에 기어 다니면서 말타기 놀이를 즐겼으니, 이 역시 노사다운 풍류가 아닌가 생각한다. 수행자의 길은 중생을 등져서는 안 되지만 그렇다고 항상 중생과 어울릴 수만도 없는 노릇이다.

　부부도 마찬가지. 서로 인격을 존중하면서 하나이면서 둘이고 둘이면서 하나됨을 추구해나가야 바람직한데 이것이 이뤄지지 않아 파경破鏡으로 치닫는 부부를 본 적이 있다. 이런 까닭일까. 미리 갖는 염려와 나름대로의 계산 때문인지 우리 주위에 독신자가 차츰 늘어간다.

　도반은 탁마琢磨를 하면서 둘이 아니고 하나이며, 동시에 하나이면서 둘이어야 진정한 선우善友. 가까운 수행자 사이에서 실망을 피하기 위해서이다.

　너무 몰라서 유머로 끝난 이야기 하나.

　한 십 년 전에, 한 행자님이 은사를 정하려고 전국을 헤맬 때였다. 행자님은 어느 산중에 가든지 소유가 너무 많은 스님을 보고 실망하여 돌아서곤 하였다. 스님 방안에 예상보다 많은 물건 특히 값진 물건이 보인 탓이다.

　"적어도 나의 은사가 되실 분은 무소유자가 적격이다."

　"수행자가 많은 물건을 가진 것을 보면 알만도 하지."

　어느 날이다. 정말 목침木枕 하나만 덩그렇게 놓여있는 방안에서 한 노스님을 뵙게 되었다. 이것도 인연인가 보다 하고 행자님은 의심 없이 은사 되실 것을 청하였고 이어서 초지일관初志一貫의 뜻을 이루었다.

"무소유자, 목침하나 뿐인 스님이 바로 은사 스님!"

그러나 환상幻想은 얼마가지 않아 깨어지고 말았다. 뒷방에 많은 물건이 역시 있었기 때문이다.

세상살이에 필요한 물건은 혼자 사나 둘이 사나 있기 마련이라는 사실을 행자님은 왜 몰랐는지 모른다. 치우치면 이런 어리석음을 범한다.

잘 아는 어떤 스님은 마음속으로 정말 존경하는 스님의 곁에는 가지 않기로 작정하고 멀리서 그냥 예를 올리면서 지냈다. 왜냐하면 인간적인 면을 보고 실망할까 염려해서이다. 이해가 가는 이야기다.

만해 한용운 스님

요즘 조석으로 서늘한 날씨이다. 김장 무와 배추를 갈아놓은 밭에서 향산香山 거사가 잠시 일손을 놓고 말한다.
"호박이 찬바람 불면 더 잘 열려요."
"네?"
내가 의아한 표정을 지었다. 향산 거사의 설명이 그럴 듯 하다.
"찬바람이 불면 호박도 떠날 준비를 하는 것이지요."
그렇다. 떠날 준비를 하는 것이 호박뿐이랴. 삶이 떠나는 준비의 연속이라고 누가 말했던가. 떠날 채비가 끝난 사람은 더욱 힘차게 남은 삶을 살아갈 것이다.

님이 떠나신 지 반세기를 훌쩍 뛰어넘어도 새롭게 우리 가슴 속에 살아 숨쉬는 한용운 스님의 이야기. 굳은 의지와 신념이 곧 만해卍海 한용운韓龍雲 스님을 대변하는 말이다. 그만큼 떠날 채비를 하고 살았던 스님이시다.

스님이 24살 때에 출가한 에피소드가 있다. 독립운동을 목적으로 입산을 기도하였다. 스님이 되어 산중에서 숨어 지내기가 안성맞춤이기 때문이다. 임시정부 주석 김구金九 선생도 백범일지에서 비슷한 사정을 토로한 대목이 나온다. 김구 선생은 한때 마곡사에 출가한 스님이다.

첫 출가는 오대산이다. 한용운 스님이 충청도 양반입네 하고 스님에게 반말로 건넸다.

"자네는 내 출가를 허락하시겠는가?"

절에서 혼 줄이 나게 쫓겨났다.

스님이 이렇게 하대下待 말을 하게 된 데에는 당시 유생의 전형적인 모습에서 찾아볼 수가 있다. 스님을 천민 취급하여 자네, 자네, 하는 하대 말을 쓰는 게 보통이었다.

스님은 1879년 7월12일 충남 홍성에서 태어났다. 선대는 훈련원 등에서 벼슬자리를 해온 선비 가문이다. 어려서 이름은 한유천韓裕天이며, 천재 신동이라는 말을 듣고 자랐다.

그러나 전통 유생의 생각은 딴 데 가 있었다. 국운 회복이 화두였다.

16세 때였다. 1894년 동학운동 때에는 적극 가담하고는 세상에 눈을 크게 떴다. 동학운동이 실패로 돌아가자 불교에 관심을 돌렸다. 18세 때에는 서당 훈장이 되어 동몽선습童蒙先習을 가르친 유생이다.

다시 북행하여 설악산 백담사에 도착하였다. 이번에는 아주 공손하게 말을 하였다.

"스님, 제가 출가를 하도록 승낙해 주십시오."

그리하여 연곡連谷 스님을 은사로 출가 입산하였다.

백담사 인근에는 국제 항구 원산이 가까워서 세계지도와 나침반을 쉽게 구경할 수 있는 기회가 생겼다. 한용운 스님은 처음으로 세계지도와 나침판 등 신문물들을 접해보고는 세계 여행을 꿈꾸었다.

독립운동을 하러 떠났을 때의 일이다.

만주 러시아 쪽으로 발을 내딛게 되었다. 그러나 국경 지대에서 일경에게 붙잡혀서 철창신세를 졌다.

한용운 스님은 독립운동을 하는 요주의 인물로 분류되어, 하룻밤이 지나 이튿날 아침에 저 세상 사람이 될 판국이었다. 죽음이 코앞에 다가온 순간이었다.

이른 새벽녘에 영문을 모르는 일이 벌어졌다. 홀연 철창이 넓게 훤히 뚫렸다.

이때 한용운 스님은 뚫린 창살로 무사히 빠져 나오게 되었다. 홀가분하게 떠날 준비가 된 스님의 일화이다.

백담사 산내 암자 오세암에서는 대장경 열람 전체를 통독하였다. 부족한 부분은 다시 통도사에서 대장경 열람을 하였다. 이때 독후감 형식으로 서브 노트한 것이 오늘날 한용운 스님의 불교대전佛敎大典이다.

서당 훈장의 뛰어난 한문 실력이 크게 힘을 발휘한 것이다.

나 역시 출가 전에 만해 스님의 불교대전을 읽고 감동하고 이런 생각을 하였다.

"한자로 된 고려 팔만대장경 전체를 읽은 분이 아주 드문데 한용운 스님은 확실한 분이다."

3.1운동 당시의 일화이다. 동학운동에서 풀지 못한 한을 풀 때가 온 것이다. 최남선 선생이 작성한 독립선언서에 공약삼장은 한용운 스님이 지어 덧붙였다. 33인 대표의 내력을 보면 알려지지

않은 부분이 많다.

　33인 중에는 처음에 무서워 독립 자금만 올려 보내고 지방에 숨어 지낸 겁 많은 사람들이 있었다. 곧 붙잡혀서 감옥에 들어갈 것이 불을 보듯 뻔한 일이었기 때문이다.

　3월 1일 정오 무렵에 파고다 공원에서 삼일독립만세가 터지기 직전의 순간이었다. 부근 중국집 태화관에서였다. 민족 33인 대표 모임에 몇 명이 빠진 자리였다.

　이때 태화관 주인이 안절부절 못하였다. 신고를 하자니 단골손님을 버린 격이 되고 신고를 안 하자니 당장 본인이 잡혀가 진퇴양난이었다. 대표자 가운데서 한 사람이 태화관 주인에게 말하였다.

　"경찰서에 어서 전화로 신고를 하시오. 우리는 그동안 빨리 마칠 것이오."

　사회는 최린 선생이 보았고 축사는 한용운 스님이 하였다. 한용운 스님이 축사에서 말하였다.

　"우리는 이제 조선의 독립을 선언하였으니 죽어도 한이 없습니다."

　처음에는 독립선언서 전문을 낭독하려고 하였으나 시간이 없어서 공약 삼장에 이어 한용운 스님의 선창으로 만세 삼창을 하고 급히 마쳤다. 곧 헌병대 짚차가 출동하였다. 민족 대표를 하루 종일 호송하였다. 종로에서 서대문 형무소로 호송하는 짚차는 한대였다. 차 안에는 운전수, 호송관, 독립운동자 두세 사람이 탈 수 있었다.

　재판장은 당시 한용운 스님의 당당한 기상에 눌려 몹시 놀랬다고 한다. 미결수 모두가 국가내란죄로 사형 당한다는 소문에 모두기가 죽어 있었다. 반성문 같은 자술서에는 대부분이 용서를 비는 나약한 말을 썼다. 그러나 한용운 스님은 달랐다. 옥중 투쟁 삼대 원칙을 정해 투쟁을 전개했다. 한용운 스님에게는 고문이 더욱 심해지고 형기도 늘었다.

그에게는 굳은 신념이 있었다. 옥바라지는 효상좌 되는 춘성春城 스님이 맡았다.

병고에 시달리다가 3년 만에 출소하였다. 거처가 따로 없어 동료들이 성금을 모아 마련해준 성북동 심우장尋牛莊에서 지냈다. 조선총독부가 있는 남쪽을 등지고 살겠다는 저항의 뜻으로 집 좌향을 북향으로 세운 심우장은 그의 뜻을 대변해준다.

해방을 한해 앞두고 중풍으로 입적하였다. 1944년 음 5월 9일 66세를 일기로 마쳤다. 묘소는 망우리에 모셔져 있다.

끝으로, 오세암 해우소에서 일을 보다가 물건 떨어지는 소리에 깨닫고 지은 오도송 이야기이다. 풍설風雪이 있던 납월 12월 8일, 36세 때의 일이다.

남아의 발 닿는 곳이 곧바로 고향인데	男兒到處 是故鄉
얼마나 많은 사람이 긴 나그네 설음을 지녔던고	幾人長在 客愁中
한 소리에 삼천대천세계가 깨짐이여	一聲喝破 三千界
눈 속에 복숭아꽃이 송이송이 붉구려.	雪裏桃花 片片紅

후일담

코스모스 들길을 따라 나들이를 하는 참에 홍성군 한용운 스님의 생가에도 다녀왔다. 아담한 시골 초가집 울타리에는 백일홍이 아름답게 타올랐다.
주위에 김좌진 장군의 생가도 있다. 일군과 대적하여 청산리 대첩의 큰 공을 세운 장군의 처소이다.

만행한 스님 이야기

🌿 진수 스님

옛 사람은 말씀하였다.

"부처님의 행이 아니면 행하지 아니하고 부처님의 말씀이 아니면 말하지 아니한다. 도를 이루려는 비구는 먼저 가난부터 배워야 한다. 가난을 이겨낼 수 없으면 반드시 그 뜻을 잃는다."

산철에 무작정 절을 떠나 만행萬行 길에 오른다. 초심자는 그냥 다니는 것이지 만행이라고 하지 않는다. 구참 납자가 안거를 마치고 떠나는 길이 만행이다.

만행은 실참실구實參實求로 배운 것을 현실에서 적용하는 것이며 현장에서 부딪쳐 깨우친다. 자세는 어디서 무슨 일이 생겨도 의연하다.

진수眞修 스님이 만행한 이야기.

겨울인데도 솜옷을 입지 않고 여름옷 차림으로 나섰다. 먹는 일도 만행 길에는 공양할 때를 놓쳐 굶기도 한다.

만행승 진수 스님은 한때 객기가 넘친 시절이 있었다.

밥 대신 얼음이 언 샘에서 찬물을 한모금 들이킨 진수 스님은 조실 스님의 방문을 두드렸다. 조실 스님은 따뜻한 아랫목에서 붓을 잡고 금강경 사경 중에 계신다.

절을 정중히 올리고 조실 스님께 여쭌다.

"스님, 금강경의 뜻을 알고 사경하십니까? 모르고 사경하십니까?"

조실 스님은 갑자기 당한 일에 어리둥절해 한다.

"........?"

이때 진수 스님은 나오면서 한마디를 던진다.

"조실 스님, 공부 좀 하시고 금강경 사경을 하십시오."

"뭐, 어때?"

그날은 조실 스님이 법문을 하시는 날이다. 아침 공양 후에 조실 스님이 느닷없이 입을 열었다.

"나, 오늘 법문을 안 하련다."

이번에는 대중 스님이 어리둥절해 한다. 조실 스님 곁에 앉은 입승 스님이 여쭌다.

"아니, 왜요? 무슨 일이 있으십니까?"

조실 스님이 소리 높여 말한다.

"대중은 왜 내가 법문을 안 하려는지 말해보시오!"

큰방 안에는 잠시 깊은 침묵이 흘렀다. 무슨 엉뚱한 말씀인지 다들 짐작이 안 간다.

"........."

이때였다.

진수 스님이 불쑥 나서서 조실 스님을 향해 절을 올리고 응답에 나섰다.

"먼저 스님께 여쭙겠습니다. 스님께서 답해주시면 저 역시 스님의 물음에 답해 올리겠습니다."

이때였다. 기세가 시퍼렇던 조실 스님이 가는 귀가 멀어서인지 얼른 납득을 하지 못하고 이 스님, 저 스님에게 조그맣게 묻는다.

"저 수좌가 무슨 말을 하느냐?"

주위 스님이 설명하자 조실 스님이 곧 입을 연다.

"난 또 무슨 말이라고? 그래, 네가 할 말이 있으면 해봐라!"

진수 스님이 질문을 하였다.

"조실 스님은 부처님과 같습니까, 다릅니까? 답해 주십시오!"

또 조실 스님이 말이 들리지 않는다고 주위의 도움을 청하자, 진수 스님이 보다 큰 소리로 외쳤다.

"스님! 부처님과 같습니까? 다릅니까?"

찌렁찌렁 목소리가 큰 방안에 울렸다.

조실 스님이 당황하여 다시 주위를 향해 묻는다.

"저 스님이 지금 뭐라고 하냐? 통 안 들린다."

진수 스님이 더욱 큰 소리로 외쳤다.

"조실 스님께서는 부처님과 같습니까? 다릅니까?"

조실 스님이 다시 주위 스님에게 물어서 간신히 그 뜻을 알았다는 듯이 고개를 끄덕이고 나서 말하였다.

"난 또 무슨 말이라고! 그런 질문이야? 나는 부처님과 법에서는 같지만 몸은 다르다. 어때? 내 대답에 너도 말해봐라!"

진수 스님이 입을 열었다.

"스님 말씀에, 부처님과 법이 같으시다면, 부처님처럼 하십시오. 부처님은 성도 직후에 어떻게 하셨습니까? 깨달음의 법문을 하지 않으시려다가 범천의 권청으로 법문을 하기로 하신 것입니다. 500세 후 500세가 지나서라도 무위법을 깨닫는 사람이 나와 법을 전하려 했기 때문에 법문을 하시기로 한 것입니다."

조실 스님이 말하였다.

"오냐, 네 말이 꼭 맞는 말이 아니다만, 오늘 법문을 하기로 하마!"

이렇게 해서 조실 스님이 그날 법문을 하시게 되었다.

후일담

그날 아침 조실 스님은 벌겋게 상기 된 얼굴로 큰 방문을 나와서 댓돌 위에 놓인 흰 고무신을 신으려는 순간 뒤뚱 넘어질 뻔하였다. 옆에서 부축해서 다행이지 큰일이 날 뻔하였다고 한다.
그날 조실 스님의 법문은 진수 스님 덕에 예정대로 있었다.

도선 스님

요즘도 큰 스님이 법담 하시는 자리에 철없이 나서는 스님이 있다. 부처님 가문은 옛 가풍은 사자 새끼를 키우는 문중이지, 여우나 승냥이를 키우는 문중이 아니다. 그리하여 큰 스님 법문의 사자후가 매섭다.

성철 큰스님 회상인 가야산 해인사.

성철 스님이 법상에 올라 사자후를 하시고는 주위를 한번 빙 둘러보고 다시 사자후를 토하신다.

"요새 서울 가면 목동 아파트가 좋다며? 네놈들 보니 좋은 아파트 한 채 주면 중노릇 할 놈 하나도 없어, 없어! 내말 틀렸어? 누구 말해봐! 아파트 한 채로 다 나갈 놈들이야!"

이때였다. 도선 스님이 나섰다. 물론 도선이란 이름은 가명으로 부득이 가명을 쓸 수밖에 없다.

성철 스님께 예를 올려 절을 마치고 나서는 외쳤다.

"스님, 잘못 보셨습니다. 저는 아파트 한 채를 주어도 나가지 않습니다."

성철 스님이 단숨에 말씀하셨다.

"네 이놈, 네가 제일 먼저 나갈 놈이야! 내말 알아듣겠어? 다른 사람은 안 나고 네가 반드시 나갈 놈이야!"

🌸 **후일담**
정말 도선 스님이 환속해서 사는 것을 뜻밖에 만나보고 와서 한 스님이 말한다.
"성철 스님 법문대로구먼! 도선 스님이 정말 환속해서 산다니까! 희한하게 맞는구먼!"

🌿 도운 스님

도운道雲 스님의 만행 이야기.

만행승 도운 스님은 간략히 자기 일대기를 써서 송광사를 찾아왔다. 한때 군대생활 하면서 국군의 날 기념행사로 육 해 공군 삼군 웅변대회에 나가 입상한 관록 못지않은 문장이었다.

"이걸 책으로 내면 어떻겠소?"

원고지가 든 사각봉투를 내미는데 단편 소설에 상당한 분량이다. 읽기 좋게 손질을 하고 또 원고지 분량이 적으니까 알아서 책 한권으로 써달라는 부탁이다. 찬찬히 살펴보니 만행승 이야기는 아주 솔직하고 재미가 있다. 그러나 아직 이르다는 생각이 들어서 일언지하에 거절을 하였다.

"이 원고를 놔두고 가면 불 지를 거요."

도운 스님이 말한다.

"불 지르거나 말거나 알아서 해요. 내 책을 낼 사람은 조계종에서 스님 밖에 없으니까!"

점심은 인근 도반 스님 절에 가서 도운 스님과 함께 먹었다. 다실이 대숲에 있었다. 우리는 자리를 다실로 옮겨 갔다.

도운 스님이 차를 마시면서 도반 스님에게 말을 건넸다.

"주지 스님, 스님은 중생을 제도하실 작정입니까?"

주지 스님이 작설차를 한 모금하며 말하였다.

"네, 스님. 그런데 왜 묻습니까?"

도운 스님이 말하였다.

"이 중은 중생을 제도하려고 사바에 오지는 않았습니다. 무엇 때문인 줄 아시겠습니까? 이 중은 이 시대 선지식을 모조리 제도하려고 온 것이기 때문이지요."

웃지도 않고 냉정하게 말한다.

이때였다. 주지 스님이 일어서서 천천히 도운 스님에게 큰절을 올리면서 연극하듯이 말하였다.

"스님, 이 선지식을 제발 용서해주십시오."

이 대목이 아주 우스워서 크게 웃다가 뒤로 벌렁 넘어갈 판이었다. 세 사람 웃음소리가 다실 주위 대숲을 흔들었다.

대웅전 불사가 한창이다. 기둥이 서고 대들보가 오르는 중이다. 도운 스님이 이 불사 현장 옆을 지나가다가 말한다.

"저렇게 큰 나무를 살생해서 대웅전 집을 지으면 누가 그 안으로 들어가 예불을 올릴 자격이 있습니까?"

아무도 입을 떼지 않자 도운 스님이 말을 잇는다.

"저 대웅전의 기둥은 부처의 뼈입니다. 벽은 보살의 살점입니다.

다기 잔의 물은 조사의 피입니다. 누가 이런 집 안에 들어갑니까?"
 산승이 말하였다.
"제가 대웅전에 들어가 예불 올리지요."
"스님이 무슨 자격으로?"
"대웅전의 기둥은 내 뼈입니다. 벽은 내 살점입니다. 다기 잔의 물은 내 피입니다. 내 집에 내가 들어가는 것입니다."
 이 때 도운 스님의 웃으며 말한다.
"그래도 밥값은 하는구먼!"

🌸 후일담

원고지는 결국 다시 찾아갔다. 그가 떠난 뒤에 바로 전화가 왔다.
"스님, 정말 불사를 것이요?"
산승이 말하였다.
"이미 불 살랐소."
"스님, 그러지 말고 내가 찾으러 갈테니 그대로 보관해 두시오."
그의 진실한 만행 이야기는 언제 책으로 나올는지 모른다. 읽다가 눈물이 나오는 대목도 나온다. 허나 내가 책을 내는데 반대한 이유는 간단한다. 아직 우리는 젊고 깨달음이 없기 때문이다.

🌿 무혜 스님

토굴생활을 하다가 만행을 나온 무혜 스님 이야기.
 무혜 스님이 조실 앞에서 홀연 금강경을 내던진 일이 지대방에서 회자되었다.
 한 선방 조실 스님을 참배하러 갔을 때였다. 염화실에 들어가 냅다 조실 스님 눈앞에 주먹을 내밀며 무혜 스님이 여쭈었다.

"스님, 이것이 무엇입니까?"

이때 큰 체구의 조실 스님은 요지부동한 자세로 조용히 타이르듯이 말하였다.

"수좌, 서로 모르는 격외 도리는 그만 두고 이 금강경 사구게를 한번 새겨보시오."

금강경 책을 펴놓고는 사구게 한 대목을 손가락으로 가리킨다.

凡所有相　皆是虛妄　若見諸相非相　卽見如來
범 소 유 상　개 시 허 망　약 견 제 상 비 상　즉 견 여 래

"이 대목을 설명해 보시오. 그러면 내 수좌의 질문에 응하리다."

무혜 스님은 무조건하고 금강경을 집어 내던졌다.

조실 스님이 가만히 금강경을 주워 와서 다시 물었다. 무혜 스님이 다시 집어 던졌다.

마지막으로 세 번째이다. 금강경을 주워 와서 묻기에 이번에는 아예 주워오지 못하도록 들창 밖으로 멀리 내던져버렸다.

이때 조실 스님이 한마디 하였다.

"그 마음까지 내던지시지 그래!"

무혜 스님이 물었다.

"스님, 마음이 어디 있습니까?"

조실 스님이 웃으며 대답하였다.

"하하하, 물속에서 첨벙대다가 물이 어디에 있느냐고 묻는군 그래!"

무혜 스님의 또 다른 만행 이야기.

시골 5일장에서 생긴 일이다. 재래시장에서 수박 하나를 사들고 갈 때였다. 한 노 보살을 만났다. 기가 팔팔한 사람이다.

복잡한 사람들 속에서 서로 획 치고 지나가다가 그만 수박이 땅에 내동댕이쳐져 파삭 깨지고 말았다. 잘 익은 수박이 길 바닥에 빨간 속을 드러냈다.

무혜 스님이 멍하니 깨진 수박을 바라보고 있을 때였다.

"등신 같이 뭘 보고 있어요? 도 닦는다는 스님이!"

한 노보살의 호령이다.

무혜 스님이 정신을 차리고 물었다.

"노보살님은 어디 계십니까?"

성격이 갈갈한 노보살이 말하였다.

"앞에 사람 놔두고, 어디 있는지 왜 물어요?"

기가 죽어 천천히 노보살의 뒤따라가 보았다. 국밥을 파는 식당이다. 밥을 시켜놓고는 지난해 죽은 노보살님의 외아들 이야기를 들었다.

군대에 간 외아들의 49재 이야기는 이러하다.

병기 사고로 입대한 외아들이 죽었다. 홀연 유골로 돌아온 외아들이다. 노보살은 기가 막혀서 밤낮 없이 식음을 전폐하고 울었다. 유골함을 안고는 3일 동안 울었다.

"아이고, 아이고, 내 아들아!"

이렇게 울다가 49재를 지내고 홀연 마음을 크게 비운 이야기이다.

인근 절에서 외아들 49재를 지낼 때였다. 이날 금강경을 독경한 인연으로 집에 와서도 금강경을 매일 독경하였다. 아들 생각이 날 때마다 금강경을 가까이 하였다.

어느 날이다. 한 대목이 눈에 쑥 들어왔다.

凡所有相　皆是虛妄　若見諸相非相　卽見如來
범 소 유 상　개 시 허 망　약 견 제 상 비 상　즉 견 여 래

이후 노보살은 옛날처럼 다시 식당 문을 열었다. 금강경을 읽으면서 평온한 마음을 되찾은 것이다. 언제 울고불고 야단을 쳤냐싶게 달라진 모습에 주위에서는 도인이 다 되었다고 하여 도道 보살이라는 이름으로 불렀다.

전강 스님

전강 스님이 20대의 팔팔한 시절에 보인 법거량이다.

김천 직지사에서 깨닫고 곡성 태안사에 와서 새벽 예불을 올리는 시간이었다.

전강 스님이 새벽 예불을 마치고 나오는 노스님 앞에서 방뇨를 하였다. 청정한 도량 안에서 스님이 바지를 내리고 쩔쩔쩔 하고 방뇨를 하였으니 기가 찰 일이다.

노스님의 고함 소리가 쩡쩡 울렸다.

"너 이놈, 예의가 그렇게 없느냐? 부처님 앞에서 이게 무슨 망령된 짓이냐?"

이때에 기다렸다는 듯이 전강 스님이 대답한다.

"스님, 제가 참으로 큰 허물을 지었습니다. 헌데 한가지만 여쭙겠습니다. 스님께서 대답해 주시면 즉시 참회하도록 하겠습니다."

노승이 잠시 머쓱해 한다.

"……?"

전강 스님이 공손히 합장 올리고 여쭈었다.

"스님, 부처님이 계시지 않은 곳이 있다면 그 곳을 일러주십시오. 부처님이 계시지 않은 곳에서 방뇨 하도록 하겠습니다."

노승이 말이 막혀서 우물쭈물할 때이다.

"스님, 시방세계가 다 부처님이 계신 곳인데 어디를 향해 방료를 하란 말씀입니까?"

드디어 노승이 폭발하였다.

"이, 미친 중을 어서 썩 쫓아내라. 아침밥도 주지 말고."

그러나 이런 말에 아랑곳없이 의기양양하게 태안사 일주문을 나서는 전강 스님이었다.

전등록에는 옛날 만행 스님의 기이한 이야기가 군데군데 실려 있다. 단하천연(丹霞天然, 739-824) 스님이 목불木佛을 불태운 단하소불丹霞燒佛 이야기도 그중 하나이다.

그는 관리가 되려고 장안으로 갔다가 한 선승을 만난 인연으로 마조馬祖 스님을 스승으로 출가를 하였는데 깨달음을 얻고는 석두희찬 스님의 법을 이었다.

만행을 하는 단하 스님의 이야기이다. 몹시 추운 겨울날, 혜림사惠林寺 객실에서 하루 밤을 묵을 때였다.

방이 추워 땔감을 찾다말고 법당 안에 모셔진 목불木佛을 아궁이에 넣어 불태웠다. 감히 상상도 못할 일을 저지른 것이다.

이튿날이다. 원주 스님이 이 사실을 알고 나서 단하 스님에게 말하였다.

"스님, 어찌 그럴 수가 있단 말이요?"

단하 스님은 태연하게 대답하였다.

"나는 부처님을 태워서 사리를 얻으려고 하였습니다."

"아니? 목불인데 무슨 사리가 나옵니까?"

"아, 그렇지요. 사리가 안 나온다면 나무에 불과하지 어찌 부처이겠습니까?"

이때였다. 원주 스님은 그 자리에서 눈썹이 몽땅 다 빠져 버렸다.

중국 속설에 따르면, 거짓말을 한 사람은 눈썹이 다 빠져 버린다는 말이 전해 오기 때문이다. 이 자리에서 단하소불에 잘못 토를 단 사람 역시 눈썹이 다 빠질 것이다.

단하 스님이 등주鄧州 단하산丹霞山에 이승을 하직할 때였다. 86세 되던 해이다. 문인門人들에게 목욕시켜달라고 말하였다. 목욕을 다 마치고는 다시 갓을 쓰고 주장자를 짚으며 평소 나들이 하듯이 하게 해달라고 하였다.

이때 스님이 마지막 말을 하였다.

"자아, 이제 간다. 신을 신겨 주라."

신을 신은 채 한 발을 내딛는 순간이다. 스님은 홀연 입적入寂을 하였다.

🌿 하원 스님

20여 년 전의 오대산 학산 노스님 이야기이다. 노스님은 그때 대륜산 대흥사 산내 암자에서 정진중이었다.

겨울 한 밤중이었다.

하원 스님이 느닷없이 염화실에 뛰어들어 법거량에 나섰을 때였다. 주먹을 쥐고 노스님 코앞에 내밀며 말하였다.

"스님, 법문 하십시오!"

노스님은 말하였다.

"법문!"

하원 스님이 웃었다.

"스님, 법문하시라니까 법문! 하면 어떻게 해요?"

노스님이 하원 스님의 손을 잡고 말하였다.

"수좌, 산승은 늙어서 이제 다 되었네. 수좌들이 산 법문을 하게나!"

하원 스님이 다시 물었다.

"스님! 미워하는 사람이 마음에 없습니까?"

노스님이 자신만만하게 대답하였다.

"없지, 없어!"

"왜 없습니까? 피가 펄떡펄떡 뛰고 숨 쉬는 사람이 그게 가능합니까?"

"하하, 하하하, 내가 오래 살다보니 미워하는 사람이 다 세상을 떠났다네!"

이번에는 하원 스님도 크게 웃었다.

"하하하."

나올 때였다. 노스님이 누더기 옷을 벗어서 입혀주었다. 할아버지가 손자에게 사랑을 주듯이 하였다. 그리고는 당신의 방한화를 신겨주며 잘 가라고 손짓하였다. 추위에 흰 고무신을 신은 그를 안쓰럽게 여긴 것이다.

하원 스님이 뒷날 말하였다.

"가장 인간적인 노스님이라면 오대산 학산 큰 스님이셔!"

이 이야기를 전하는 소승 역시 학산 스님의 가르침을 받은 바가 있다.

한번은 스님의 처소인 차안당遮眼堂에 걸레질을 하러 갔을 때였다.

"걸레질을 할 때는 마음을 닦는 정성이지요!"

그 이후 청소가 재미있어졌다.

지금도 고구마 밭이나 토란 밭에서 김을 맬 때는 학산 노스님의 말씀이 생각난다.

"잡초를 뽑을 때는 번뇌 망상을 없애는 정성이야, 무명초無名草를 꺾는 마음!"

교연 선사

십수 년 전에 발원문을 쓴 스님이 혜연(慧然, 혹은 惠然) 선사가 아니라는 입장에서 교계 신문에 발표를 한 적이 있다.

많은 사람이 공감하여 이산 연 선사 혹은 이산 교연 선사로 바꾼 법요집을 본다.

그러나 아직도 오기誤記 그대로 쓰는 절이 적지 않다. 분명한 사실은 혜연 선사는 전혀 당대當代에 생존한 선사가 아닌데도 그런 있지도 않은 사람의 이름을 교계에서 언제까지 쓸 것인지 궁금하다. 원래 이산怡山 연然 선사가 안진호 스님이 엮은 치문緇門에서 이산 혜연 선사로 바뀐 데서 문제가 생긴 것이다.

현재 중국이나 일본은 이산 혜연 선사라는 표기가 없고 우리나라만 이런 표기를 쓴다. 만일 이산 연 선사라는 표기 외에 연 선사를 갖추어서 표기한다면 교연 선사일 가능성이 높다. 그 외에 비슷한 이름의 다른 선사는 보이지 않다.

교연 선사가 살았던 시대는 당나라이지만 출생과 열반한 연대는 자세하지 않다. 다음에서 중국 순례길에 어렵사리 구한 자료를 정리한다.

출신은 오흥吳興 혹은 장성長城 사람으로 알려져 있다. 속성은 사謝씨이고 자字는 청서淸晝이다. 스스로는 남조南朝의 시인 사영원謝靈遠의 10세손이라고 말하였다. 동진童眞 출가를 하여 영은사靈隱寺 금강계단에서 수직守直 율사에게 계를 받고 계율 정신에 철저한 관심을 가지고 수행길에 나섰다.

뒷날 그는 이렇게 말한다.

"박방명산博訪名山, 법석한法席罕 부등청不登聽. 명산을 널리 참방하였다. 법석에는 조용할 뿐 후학을 거둬들이지 않았다."

중년에는 선禪에 전념하였다. 그는 말한다.

"알제선조謁諸禪祖, 요심지법문了心地法門. 선사 조사를 두루 배알하고 심지법문을 깨달았다."

스님의 교유는 매우 넓었다. 일찍부터 무구산武丘山의 원호元浩 스님과 회계會稽의 영철靈徹 스님, 조정朝廷의 우적于頔과 권덕흥權德興 등 여러 명사와 오가며 지냈다. 선사는 특히 시詩 문장에서 당시 불교계에 독보족인 존재였다. 시에 대한 조예도 깊어 시의 핵심을 몇 가지로 정리하면서 시 논문을 저술하였다.

출가를 한 이후 시종 잊지 않고 시를 음미해온 그였다. 고승전에서 찬영 스님은 말한다.

"문장준려文章雋麗 당시호위當時號爲 석문위기釋門偉器. 문장이 뛰어나게 아름다워 당시 불가의 훌륭한 법기라고 불렀다."

초기 선종사禪宗史에 뚜렷한 자취를 남긴 여러 조사의 비문을 지었다.

선사가 지은 글은 다음과 같다.

첫째, 달마대사達摩大師의 법문의찬法門義讚.

둘째, 달마의 법을 이은 이종二宗 선사찬禪師讚.

셋째, 혜능과 신수 두 조사의 찬讚.

넷째, 그외 지공誌公 화상 찬讚, 대통大通 화상의 법문의찬法門義讚, 학림鶴林 화상의 법문의찬法門義讚, 호주湖州 불천사佛川寺 고대사故大師의 탑명병서塔銘幷序 등이다. 모두 전당문(全唐文 卷九一七·卷九一八)에 실려 있다.

저서는 저산집杼山集 열 권이 남아 있다. 아쉽게도 천대에 남을 명문名文 발원문을 선사가 지었다고 하는 명시적인 문구는 아직 보이지 않는다. 차선책으로 그의 시문의 자료가 적잖아 그의 뛰어난 문장과 발원문을 대조하는 방법도 하나의 작업일 것이다. 다음은 참고할만한 자료이다.

중국역대명승(中國歷代名僧, 1995, 하남인민출판사), 전당문(全唐文 卷九一九 唐 湘州)의 저산杼山 교연전皎然傳, 송고승전(宋高僧傳 卷二十九), 석문정통(釋門正統 卷三) 이다.

월 명 암

근세에도 선가禪家의 옛 가풍에 힘을 불어넣은 분들 가운데 선농일치禪農一致를 폈던 한 스님. 일일부작一日不作 일일불식一日不食이라는 백장百丈의 후예이다. 속성이 백白씨인 학명鶴鳴 선사.

학명 스님은 한때 월명암에서 머물렀다.

알려진 바로, 원불교의 창설자 소태산 대종사는 월명암에 와서 학명 스님을 만나 공부에 적지 않은 도움을 받은 내력이 있다.

법당 주위에 사성선원四聖禪院이 서 있다.

선원 이름처럼 성도를 한 일가족 즉 부설거사의 일가 네 명을 말한다. 아내 묘화 보살, 아들 등운 거사, 딸 월명 보살 등 네 명의 도인이다.

선방을 열은 봉래선원蓬萊禪院은 6·25때 불탔다. 사성선원은 불탄 자리에 새 건물을 지은 것이다.

원불교 소태산 대종사가 자신의 수제자 정산 종사를 보내 학명 스님의 지도를 받게 한 일도 있었다. 월명암은 지금도 원불교 성지의 하나이다.

각설하고.

한 겨울에 진눈개비를 맞으며 법정 스님을 모시고 월명암에 참배한 적이 있었다. 삼십년 가까이 지난 이야기이다.

여기서 밤늦게 도착하여 주지 스님에게 꾸지람을 먹고 새로 지어 준 저녁밥을 얻어먹었다. 길을 떠나기 전에 스님이 산승에게 단속하며 말하였다.

"법정 스님, 하고 내 이름을 말하지 마. 그냥 객으로 다녀보자고."

스님은 유명하여 유명세를 낸다. 이번에는 그것을 없애고 쉽게 지내자는 뜻이다.

길을 잘못 들어 절에서 막 잠들 무렵에 도착한, 옷이 다 젖은 나그네 둘을 주지 스님이 맞아주었다. 휑하니 너른 인법당 안의 추운 데서 자란다. 높은 지대라 외풍도 세다. 그래도 찬 인법당에서 잘 수가 있나, 객이 염치불구하고 절을 돌아보다가 간신히 곡물 창고를 치우고 잤다.

좁아서 한사람은 칼잠을 자야 하는 공간이다. 코가 벽에 바짝 붙어야 한다. 처음은 산승이 칼잠이다. 새벽에 깨어보니 스님이 칼잠.

아침 공양 후 차를 마시러 오라는 주지스님의 전갈이 있었다.

녹차와 함께 책자도 한 권씩 건네준다. 소책자로 월명암 내력을 적은 사찰 안내서이다. 산승은 월명암 내력이 궁금하던 차에 재미있어서 계속 책에서 눈을 떼지 않고 보고 있었다.

한편 법정 스님은 잠도 설치고 여러 가지로 불편하여 부석한 얼굴에 그냥 책을 받자마자 내게 챙겨 두라고 건네준다. 이것을 본 주지 스님이 법정 스님께 말한다.

"스님, 소중한 책을 받으면 읽는 시늉이라도 해야 안 됩니까?"

그 후 책을 내는 어려움을 누차 강조한다.

"교정을 보는 것도 쉽지 않더라고요. 산중에서 몇 차례 오르락내리락 보통 아니지요."

주지 스님의 마지막 말씀.

"스님, 겉으로 보기에는 별 것 아닌 책 같아도 책 내본 사람의 속을 스님이 어찌 알아요?"

차를 마시다가 느닷없이 책 내는 이야기로 스님을 훈계한다. 책이라면 따를 사람이 없을 정도의 유명한 법정 스님에게.

중·고등학교 교과서에 실린 스님의 글로는 한용운 스님과 법정 스님 두 분이다.

스님은 아무 말이 없으시다. 고개를 푹 숙이고 찻잔만 바라보고 있는 모습이 영락없이 선생님에게 꾸지람을 듣는 학생이다. 법정 스님이 산승에게 말한다.

"자, 일어나, 가 보자고."

나그네를 구박하는 주인의 모습을 보고 객을 어떻게 모셔야 할지 깊이 생각하게 한 날이었다.

배휴裵休 이야기

여름 소나기를 피하여 노승이 찾아들었다. 배裵씨 집 대문이다.
"어디서 오신 스님이시오? 어서 안으로 드십시오."
누가 집안에서 객을 맞이한다. 비를 피해 찾아온 노승을 배씨가 융숭하게 모시는 자리에서였다. 노승이 입을 떼었다.
"저 아이는 뉘 집 아입니까?"
노승이 가리킨 아이는 의지할 혈육이 없어 이제 갓 데려온 조카아이다. 배씨가 의아해서 물었다.
"왜 그렇습니까?"
노승이 안타까운 듯이 입을 열었다.
"어떻게 저런 아이가 있을까요? 전생 업이 두터워서 저 아이가 사는 주위 다섯 집은 굶어죽을 겁니다."
"아니 무슨 말씀입니까?"
그리하여 조카아이는 또다시 거리로 쫓겨났다.
두 쌍둥이 중의 하나는 탁度이고 다른 하나는 도度이다. 쫓겨난 아이가 배탁裵度이다. 동생 배도裵度 역시 어디선가 비슷한 처리로 떠도는 신세.
나중 쌍둥이는 정승과 뱃사공이라는 기구한 삶의 차이를 가져온다. 주위 다섯 집이 굶어 죽는다는 흑업을 지닌 아이가 어떻게 정승이 될 수가 있었을까.
더구나 황벽黃檗 선사의 법을 받은 깨달은 거사가 되었으니!

그 갈림길은 다음 사건에서부터 시작된다.

삼촌집에서 나와 목욕탕 앞을 지나갈 때였다. 귀부인의 옥대玉帶 하나를 습득하였다. 배탁은 잃어버린 주인이 나타나기를 기다리느라고 하염없었다.

"물건 주인은 얼마나 애타게 찾고 있을까?"

하루해를 넘기고 그대로 서 있었다. 다시 이틀이 지나고 사흘이 지난 때였다.

옥대의 임자인 귀부인이 나타나서 감동을 하였다.

"세상에 이런 착한 아이가 있다니!"

귀부인은 딱한 처지를 알고 데려다가 키우기로 작정하였다. 이후 배탁의 신수身手가 훤해지다.

수개월이 흐른 뒤였다. 삼촌 집에 인사차 들렀을 때였다. 마침 노승이 자리를 같이하고 있다가 노승이 말하였다.

"아 참, 아이의 신수가 놀랍게 훤해졌구려. 정승감인걸요!"

지금 이 자리가 중요하다. 무슨 잠꼬대인가. 전생의 흑업黑業이라니! 배탁이 착한 마음을 크게 한번 먹는 것으로 흑업은 순식간에 씻긴 것이다.

배탁은 후일 호를 휴休라고 하는 명 정승이 되었다.

주지 스님의 예수님 믿기

십여 년 전에 들은 이야기. 두어 스님에게 들어서 그런지 내용이 재미있다. 우선 기억나는 대로 이야기를 시작한다.

한 밤중에 전화가 도심 포교당으로 걸려왔다. 선잠을 깬 주지 스님이 전화를 받았다.
"네, 여보세요?"
어디서 걸려온 전화냐 하면, 교회 전도를 하는 사람에게서 왔다.
"거기 절이지요?"
"네, 그런데요?"
"예수님을 믿어야 천당 갑니다."
느닷없는 예수님 이야기다. 시장에서도 스님에게 교회 전도지를 내미는 그런 류의 정신없는 사람들을 만난 경험이 있는 주지 스님이다. 주지 스님은 얼른 잠을 잘 양으로 쉽게 대답을 하였다.
"네, 저는 진즉부터 예수님을 믿고 있습니다."
"정말 믿으세요?"
"그럼요. 정말 믿고말고요."
의외로 이야기가 수월하게 진행되었다. 저쪽에서 맥이 빠진지 더 말을 하지 않고 있다. 주지 스님이 말하였다.
"내일 시간 있으세요? 시간 나면 저의 절에 오셔서 예수님 말씀

좀 들려주세요."

누가 함정 판 줄을 꿈에라도 알았을까.

이튿날이다. 성경책을 든 중년 남자가 찾아와 응접실에 앉았다. 주지 스님이 남자에게 말하였다.

"성경의 말씀을 믿습니까?"

남자가 대답하였다.

"그럼은요. 저는 성경 말씀을 믿습니다."

"그럼, 오른 뺨을 때리면 왼 뺨을 내밀라는 말씀도…."

"그렇습니다."

이때였다. 전광석화 같은 주지 스님의 손이 날려 남자의 뺨을 철썩 때렸다. 줄지에 일을 크게 당한 남자가 얼굴을 감싸고 외마디 소리를 질렀다.

"윽!"

그는 고개를 숙이고 한동안 말이 없다가 조그맣게 입을 열었다.

"이게 무슨 짓이오?"

주지 스님이 웃음 띤 얼굴로 말하였다.

"예수님의 제자여, 다른 뺨을 내미시오!"

여기서 남자는 할말을 잃고 어쩔 줄 모르다가 성격 책을 들고 슬그머니 자리를 떴다.

귀신에 놀라 쓰러진 스님 이야기

지대방에서 전해오는 재미있는 이야기 하나. 여름 석 달 안거가 끝난 해제 기간에 생긴 일이다.

미리 양해를 구하는 것은 여기 이야기에 나오는 스님들의 법명은 가명이다. 그럴 수밖에 없는 것이, 지금도 살아 계시는 종단 한 큰 스님의 초발심 시절 이야기이기 때문이다. 흉가가 있는 마을 동네 집에서였다.

세 도반 스님이 만행 길에 태백산 아래 동네를 지나가다가 아는 노인 한분을 만나 이런 이야기를 들었다.

"저어기, 저 집은 사람이 안 살아요. 흉가라네요."

스님이 물었다.

"아니, 왜요?"

노인이 대답하였다.

"글쎄요. 요즘 세상에도 이런 일이 있다니!"

노인의 이야기는 이렇다.

밤에 귀신이 나와서 사람을 놀라게 한다는 것이다. 귀신의 종류도 다양해서 처녀 귀신이 나타났다가 총각 귀신이 나타나고, 노숙자 귀신이 나타났다가 선비 귀신이 나타난다고 한다. 한 스님이 눈빛을 내며 말하였다. 그의 법명은 도진 스님이다.

"이것, 참! 공부를 시험해볼 좋은 기회가 왔지!"

그는 평소에 죽비를 걸망 안에 담고 다닌다. 언제 어디서나 좌선하는 선방 수좌다운 기상이 넘친다. 간혹 돌출 행동이 따라서 문제이긴 하지만.

이런 까닭에 다른 두 스님이 말렸다. 인법 스님과 종수 스님이다.
"아니, 또 시작이요? 어서 산위 절에 가서 하루 저녁을 쉽시다."
말복이 지난 늦여름 해가 뉘엿뉘엿 기울고 있었다.

이들은 대개 뜻이 잘 통해서 한 스님이 이 선방에 방부를 들이면 다른 두 스님도 따라서 같이 방부를 들인다. 세 스님은 이렇게 늘 같은 선방에서만 지낸다. 해제 철에 만행 길도 같이 나서서 도반이지만 의좋은 형제 같아 보인다.

헌데, 이번은 경우가 다르다. 둘은 끝까지 산위로 가자고 하였다.
"도진 스님, 사서 고생은 왜 하려고 해요? 절로 갑시다."
도진 스님은 이미 결심이 서있었다.
"좋소, 나 혼자라도 귀신 나오는 집에서 정진하겠소. 만일 귀신이 나온다면 이 죽비로 단번에 그냥…"

밤에 모험을 감수하겠단다. 누가 이런 일을 시킨다면 안할 것이다. 결국 도진 스님은 혼자 떨어져 남았다.

노인의 안내를 받으며 천천히 대문 안에 들어섰을 때였다.
"삐꺽, 삐꺽."

대문소리가 유난히 크게 울렸다. 금방이라도 귀신이 나타날 것만 같은 분위기였다.

먼지가 소복이 내려앉은 대청마루. 잘 지어진 큰 기와집이지만 흉가로 비어 있은 지가 두해 넘은 탓인지, 소름이 끼칠 정도로 여기저기 집안이 어지럽고 문짝 하나도 제대로 달린 것이 없다.

도진 스님은 방문을 활짝 열었다. 우선 빗자루로 천정에 낀 거미줄을 걷고 대청마루바닥을 쓸며 대충 앉을 자리를 마련하였다.

저녁은 오후불식. 참선자는 으레 저녁은 안 먹는다.

도진 스님은 자리를 깔고 앉아 죽비를 걸망 안에서 꺼내놓았다.

"짝 짝 짝!"

죽비를 치고 입정. 시간이 흘렀다.

한편, 산위 절의 스님들은 객실에 여장을 풀었다. 두 스님은 밤이 깊어갈수록 도진 스님의 안위가 궁금해서 견딜 수가 없었다.

"우리 흉가에 내려 가 봐요!"

"그럽시다. 혼자 어떻게 지내는지 살펴봅시다."

산을 내려오면서 그들은 무슨 음모를 꾸미고 있었다. 도진 스님의 담력을 시험보고 싶었던 것이다.

방법은 대문을 발로 힘껏 차고 도진 스님 쪽으로 뛰어들면서,

"악!"

하고 고래고래 고함을 치는 것이다.

칠월 열아흐레 달빛이 흐릿하였다.

흉가에 도착하였을 때, 집 안에서는 긴장과 여행의 피로가 겹친 탓인지 도진 스님이 꾸벅꾸벅 졸고 앉아 있었다.

이때였다. 두 스님이 각본대로 힘껏 대문을 차고 뛰어들었다. 도진 스님은 혼비백산하여 그대로 쓰러졌다가 한참 만에 깨어났다. 두 스님이 물을 떠먹이고 안정을 찾게 한 뒤에야 도진 스님이 간신히 입을 열고 말하였다.

"음....귀신이 하나만 나타나도 대적할 수가 있었는데......귀신 둘이 한꺼번에 달려들어서 그만 ...."

두 스님이 크게 소리 내어 웃으면서 말하였다.

"스님, 정신 차려요. 그 귀신이 지금 스님에게 물을 먹이고 있지 않소!"

그때서야 도진 스님이 실수를 알아차리고 말하였다.

"뭐요? 스님들이 그럼......허허허."

금강경 박사에 얽힌 이야기

언제였는지 한 20여 년 전의 일 같다.

금강경 박사 스님이 오면 서울 포교당 뒷방에서 금강경 공부 이야기를 나누었다. 금강경 박사는 자칭타칭 지어진 이름이다.

세계 각국의 외국어 금강경을 총망라해서 책을 만들고 금강경 전단지를 돌리는 열정적인 금강경 전법사이다.

산승의 해인사 시절이 생각난다.

기차 안에서 승객들에게, 혹은 어디서나 만나는 사람들에게 금강경 소책자를 나눠 주며 금강경 읽기를 권하던 시절이 내게도 있었다.

금강경 박사가 금강경 책을 쓰면서 서문에서 이렇게 썼다.

"송광사 지묵 스님이 말하기를, ○○ 스님 하면 금강경, 금강경 하면 ○○ 스님이라고 하였다."

그때 초야에 묻힌 일개 학승측에도 들지 못한 산승의 말을 인용한 것이다.

한번은 금강경 박사가 내게 들려준 ○○ 큰 스님 이야기이다.

"○○ 큰 스님의 필화筆禍같아요."

그는 지초지종 무안 월명암에 다녀온 이야기를 꺼내었다. 산승 역시 이야기를 듣고 장난으로 던진 돌이 개구리에게는 살고 죽는 일에 해당한다는 생각을 하고 글쓰기가 참으로 어렵다는 점을 깨달았다.

"이른 아침이지요. 무안 버스 정류장 옆 한 다방에 들어섰더니만, 청소를 하던 아가씨가 빗자루를 들고 삿대질하며 대들어 황당하게 쫓겨났지요."

이렇게 이야기를 시작하였다.

이유는, 한 스님이 글을 써서 피해를 보아 20일 동안 영업 정지를 당하였다. 그 글도 사실과는 먼 내용. 그냥 특집 TV 방송을 보고 있었고 포르노 비디오를 본 것이 아니었다.

정월 대보름이 조금 지난 때였다.

사고가 있었던 그날 아침에 큰 스님과 산승은 월명암에서 하루 밤을 묵고 문제의 다방에서 차를 마셨다.

큰 스님이 산승에게 말씀하였다.

"차나 마셔, TV는 보지 말고!"

산승은 이상하다 싶어 TV를 바라보았다. 문학사에서 유명한 로오렌스의 명작, 챠타레이 부인의 사랑이라는 소설이 명화가 되어 방영되고 있었다. 큰 스님이 본 장면은 좀 야한 장면이었는지 몹시 언짢은 표정. 이 명화에서 단 한두 차례 잠깐 나오는 극적인 장면이다.

이 일이 이것으로 끝나는 줄 알았다.

그러나 그게 아니었다.

큰 스님이 대문짝만하게 글을 써서 일간지 조중동 같은 신문에 실었다. 대한민국이 산골까지 오염되어 대낮에도 야한 영화, 포르노를 돌리는 다방이 있다는 이야기이다. 이것으로 무안 시골 버스 정류장 옆 다방이 하나 있기에 의심없이 이 다방이 지목되어 영업 위반으로 영업 정지를 당한 것이다.

다방에서 당연히 항의를 하였다.

"우리는 그런 적이 없소."

아무리 말을 해도 소용이 없었고 나중에는 경찰측에서 사정조로 말하였다.

"가부간 우리말을 들어 주시오. 큰 스님이 일간지에 써서 상부 지시가 내려왔는데, 곧 결과를 보고해야 합니다. 우리 처지도 정말 난처합니다."

금강경 박사가 월명암을 참배하고 버스를 타려고 한 날은 영업정지를 마치고 막 첫날 문을 연 때였다. 그것도 첫 손님이 스님이다.

다방 아가씨가 영업정지 종이를 막 떼어내고 바닥을 빗질 하는데 들어온 것이다.

영문도 모르고 쫓겨난 금강경 박사는 나중에 다시 다방에 들어가서 차를 마시며 전후 사정을 듣고 알았다. 주인의 하소연이 의미심장하다.

"스님들이 글을 쓰려면 좀 잘 알고 쓰시면 좋겠어요. 남에게 피해를 주지 마시고요."

글을 쓰는 입장에서 금강경 박사나 산승 역시 이 말에 뭉클해진 바가 있었다.

바람결에 간간히 들리는 바로는, 금강경 박사가 해외 포교에 힘쓴다는 소식이다.

너만 좋냐, 나도 좋다

아주 오래된 이야기 하나.

가야산 해인사 안에 나반존자那畔尊者를 모신 독성각獨聖閣에서 기도 올린 이야기이다.

독성각 기도 스님이 목탁을 다루며 나반존자 기도 정근을 시작한다.

"나반 존자, 나반 존자, 나반 존자........."

이때 할머니 귀에는 기도 소리가 다르게 들린다.

"나만 좋다, 나만 좋다, 나만 좋다..."

그래서 기가 팔팔한 노老 보살님 왈,

"너만 좋냐, 나도 좋다. 너만 좋냐, 나도 좋다......."

이렇게 나반존자 기도를 올렸다는 이야기이다.

그럼, 나반존자는 어떤 분인가.

흔히 혼자 외따로 공부하는 사람을 독각獨覺이라고 부른다.

"저 사람은 순전히 독각이야!"

이 경우는 약간 비아냥거리는 말투이다. 이기적이고 남을 생각하지 않는다는 뜻.

그러나 나반존자那畔尊者는 독각의 대표인 인물인데 남을 배려하는 마음이 커서 독성각 기도의 대상이다. 단지 혼자서 스승 없이 깨달았다는 데에 독각이라는 이름만 붙은 것이다.

나반존자邢畔尊者는 홀로 수행하였다는 데서 독수성獨修聖이며 줄인 말로는 독성獨聖이라고 한다.

우리나라 독성각에서는 중생에게 복을 심어주는 복전福田이라고 생각하여 복을 비는 기도를 올린다. 아라한阿羅漢의 한 분으로 머리카락이 희고 눈썹이 긴 모습을 나타내고 있다.

다른 이름으로 간혹 빈두로賓頭盧존자라고 하는 분이다. 갖춘 이름은 빈두로 파라타이다. 의역은 부동이근不動利根. 부동의 신통력과 중생의 복밭이 되어 남을 이롭게 해 주시는 분이라는 뜻이다.

나반존자는 부처님 당시 깨달음을 성취한 여러 아라한의 한분이다. 출생은 발치국國 구사미성城에 사는 보상輔相의 아들이었다.

어렸을 때 불교에 귀의하였다. 비구계를 받고는 여러 지방을 다니며 불교 교화 전도 여행을 다녔다. 수행시 나반존자는 남인도 천태산에서 홀로 선정을 닦아 성자가 되었다.

부처님 성도 후 6년째 된 해이다.

왕사성 거리 대중 앞에서 신통을 나타내 보인 나반존자가 외도外道의 조소를 받은 일이 있었다. 부처님은 말씀하셨다.

"나반아, 부질없이 신통을 나타내지 말지니라."

그리하여 한때는 남섬부주에서 서구로주로 떠나 교화 활동을 한 적이 있었다.

다시 남섬부주로 돌아왔을 때 부처님은 말씀하셨다.

"열반에 들지 말고 선정에 들지니라. 내가 열반에 든 이후 중생의 대복전이 될지니라."

남인도 마니산에는 지금도 대복전大福田인 빈두로존자가 선정에 들어 있다고 한다. 중생들의 복을 키우는 복밭이 되어 미륵불이 출현하는 용화세계가 올 때까지 이 세상에 머물며 중생의 고통을 제도한다는 것이다.

중국에서는 도안 법사가 처음 빈두로 존자를 모셔 신앙하였고 나반존자 탱화는 법현 스님 등이 그려 공양하였다.

근본 불교 입장에서는 문수보살을 상수로 모시고 있고 대승 불교에서는 나반존자를 상수로 모시는 풍습이 생겼다.

우리나라 절에서는 독성각에 봉안하고 있다.

그렇다면 나반존자는 어떤 능력을 갖추고 있는가.

나반존자는 삼명三明과 자리이타 이 두 가지의 능력을 가지고 있다. 삼명은 숙명명宿明明 천안명天眼明 누진명漏盡明이다.

숙명명은 전생을 남김없이 아는 지혜이다.

천안명은 미래를 꿰뚫어 보는 능력이다.

누진명은 모든 고통의 원인이 되는 형세의 번뇌를 끊는 지혜이다. 곧 과거 현재 미래의 모든 일을 남김없이 알고 있는 분이 나반존자이다. 나반존자는 이와 같은 삼명의 능력으로 보살의 자리自利이타利他와 같이 나도 이롭고 남도 이로운 도리를 원만하게 이룬 성자이다.

우리나라 절들의 독성각은 조선시대에 널리 건립되어 사찰의 한 당우로 자리를 잡은 것으로 보고 있다.

조선시대에 특히 핍박받던 때에 복전 의식이 강하게 대두됨에 따라 말법중생에게 복을 주고 소원을 이뤄주는 나반존자의 기도 신앙이 강하게 일어났으며, 다른 기도도 마찬가지겠지만 나반존자의 성격은 엄하여, 기도를 하는 자가 목욕재계를 한 뒤에 공양물을 청정하게 올리고 지극정성 온 정성을 기울여야 한다고 한다.

꽃나무 가꾸기

추사秋史 선생은 이렇게 말하였다.

"비유컨대 책을 쓰느니 차라리 꽃을 심어 일년 내내 보는 것이 좋을 진저."

헌데 어찌 하랴. 배운 것이 글쓰기 버릇인 것을. 꽃 한 송이와 꽃나무 한 그루를 심는 일도 즐겨하지만 자신을 돌아보며 일기를 조용히 쓰고 그때그때마다 느낀 감상을 글로 쓰는 일도 마다하지 않는다.

까닭에, 천수경 처음에 나오는 개경게가 어떻게 지어졌는지 적어보려고 한다. 이 내력은 고매한 인품을 가진 신수神秀 스님의 이야기와 결부되어 있다.

당시 여황제는 중국역사에서 유일한 여자 황제인 측천무후였다. 측천무후는 훌륭한 인물을 옆에 두고 싶어 했다.

어느날, 당대의 두 고승을 황궁으로 초대하였다. 한 사람은 국사인 혜충 스님이고, 다른 한사람은 신수 스님였다.

이때 측천무후는 여자에게 마음을 두지 않는 스님이 과연 어느 분일까 궁금했다.

"큰 스님, 스님께서도 여자를 생각할 때가 있습니까?"

혜충慧忠 스님이 대답하였다.

"절대 그렇지 않습니다."

신수 스님이 대답하였다.

"육체를 갖고 있는 한 생각날 때가 있습니다. 다만 정신을 바로 차릴 뿐입니다."

측천무후는 두 고승의 대답이 엇갈려 다음 단계로 들어갔다.

먼저 황실 목욕탕 물속에 들어가 두 고승이 차례차례로 목욕을 하시게 한 다음 알몸의 궁녀가 고승의 몸을 씻고 닦아드리게 하였다. 이때 측천무후는 목욕탕 안에서 벌어지는 일을 유리문을 통해 들여다 보았다.

그런데 어찌된 일인가. 절대 여자에게 마음이 동하지 않는다는 혜충 스님은 몹시 당황해 하여 어쩔 줄을 몰라 했고, 몸뚱이에 애착이 없을 수 없다는 신수 스님은 여여如如하여 조금도 달아짐이 없었다.

이를 본 측천무후가 말하였다.

"물에 들어가야 길고 짧음을 안다[入水見長短]."

이후 신수 스님을 곁에 모셔두고 크고 작은 일을 논의하였다.

어느날, 신수 스님이 법상에 오를 때였다.

측천무후는 스스로 의자를 치우고는 넙죽 엎드렸다. 자신을 발판 삼아 법사가 딛고 법상에 오르도록 하겠다는 뜻이었다.

신수 스님이 측천무후를 딛고 법상에 올라 사자후를 토할 때였다. 맨 앞자리에 앉아서 법문을 들으며 측천무후는 두 눈에 가득 뜨거운 감동의 눈물을 뿌리며 개경게開經偈를 지어 바쳤다.

위 없이 깊고 깊은 미묘한 법문　　　　　無上甚深 微妙法
백천만겁 지나도록 만나기 어려워라　　　百千萬劫 難遭遇
제가 이제 보고 듣고 받아 지니오니　　　我今聞見 得受持
원컨데 여래의 진실한 뜻을 알게 하여지이다.　願解如來 眞實意

　꽃처럼 아름다운 게송이다. 역사의 사실 여부를 가리기 이전에 이런 미담이 있다는 데에 뿌듯함을 느낀다.
　법화경法華經 비유譬喩품에는 여러 천자天子의 게송이 나와 있다.

위없는 큰 법륜을 이제 다시 굴리시니
깊고 깊은 미묘한 법 믿을 이가 없나이다.
저희들이 옛날부터 그 법 많이 들었지만
미묘한 이런 법은 내 아직 못 들었는데

오늘 이 법 말씀하시니 우리들도 따라 기뻐
지혜 큰 사리불이 세존의 수기 받으니
저희들도 그와 같이 오는 세상 성불하여
세간에서 높고 높은 세존이 되오리다.

소설 같은 이야기

이 신선 참배기는 수행에서 정도正道가 얼마나 어렵고 험난한 것인지를 잘 보여주는 이야기이다.

먼저 여기에 나오는 청우靑羽, 선행善行, 진오眞悟, 묘국妙國 스님의 법명이 익명임을 양해 구한다.

솔직히 이 이야기를 들은 후부터 스무 해가 넘는 동안 발표를 미룬 데에는 이유가 있다. 그것은 소설 같은 이야기에 산사의 비밀스런 내용이 담겨있기 때문이다.

어느 봄날이다. 선방 지대방에서 한 스님이 슬슬 이야기를 풀어낸 데서 시작된다. 산승은 기억을 거슬러 올라가 가능한 한 그때들은 이야기를 가감 없이 기록하거니와 혹 미진한 부분은 의문으로 남겨둘 것이며 추측으로 짜 맞추지는 않으려고 한다.

때는, 큰 스님네가 한꺼번에 많이 열반에 든 1980년대 초반이다. 대본산 대찰 뒷방 보명당普明堂은 노스님들이 모여 이야기를 나누는 자리였다. 이때 지리산에 사는 신선神仙을 참배 가자는 이야기가 나왔다. 전설 속의 개운조사開雲祖師가 지금도 살아있다는 이야기이다. 바위에 새겨진 동천洞天은 개운조사가 맨손으로 쓴 글씨라는 것이다.

조실 진오 스님이 두 노스님을 향해 말하였다.

"노스님, 이 말은 함부로 낼 말은 아니니 신경 써 주시오. 음, 신선이 지금 세상에도 하강한다니 믿을 말이요?"

청우 노스님이 말하였다.

"지리산에 밝은 내 상좌 묘국이 말이 그렇군요. 신선이 하강하는 날이 7월 보름 무렵이랍니다."

곁에서 듣고 있는 선행 노스님은 가타부타 말이 없다. 키가 큰 호인이라 누가 무슨 말을 해도 홍 홍이다.

다시 조실 진오 스님이 이야기를 꺼낸다.

"수 백세 된 신선이라면서요?"

이때 두 노스님이 덩달아 말하였다.

"네. 그렇다고 합디다."

"이번 기회에 한번 지리산 모처에 정자를 지어 신선 참배를 하면 어떨까요?"

노스님들은 서로 암호를 만들어 신선은 손님이라고 썼고 신선을 만나는 날은 손님을 만나는 날이라고 통했다.

손님을 만나는 날에 입는 옷은 특별히 지어입기로 하였다. 옷은 바느질을 잘하는 정인淨人 노보살님이 맡았다. 속세의 옷을 입고 나타났다가는 신선이 비치지도 않는다는 것이다.

이렇게 반년의 기간을 두고 노스님들은 신선 참배를 비밀히 준비 하였다. 헌데 이것이 사전에 발각되고 말았다.

전화가 일통을 냈다.

한 전선에 두개의 수화기가 따로 설치된 것이 문제였다. 누가 노스님에게 온 전화인 줄 모르고 받다가 이상한 대화를 감지하게 되었다.

"손님 오시는 날에 준비 단단히 하시오."

시자가 모르는 손님 이야기이다. 절에서는 큰 스님께 온 손님이라면 시자가 다 모시는 것이 상례이다. 이것이 발단이 되어 노스님들의 감시가 시작되었는데도 노스님들은 까맣게 모르고 있었다.

신선 참배할 날이 가까워지자 노스님들은 목욕을 깨끗이 하고 정갈한 옷을 입었다. 따로 신선이 없고 노스님들이 신선이 아닌가 싶을 정도였다.

새 옷이 다 준비되고 지리산 안내자 스님도 자주 오고갔다.

"신선이 세상에 하강하신다네!"

밤이면 노스님들은 서로 모여서 신선 이야기로 꽃피웠다.

"손님이 정말 오실지 몰라?"

"글쎄 말이지요."

"손님을 뵈면 무슨 말부터 할까요?"

초등학생들이 소풍날을 손꼽아 기다리는 심정이었다.

드디어 D-day 전날이다.

밤 아홉시 삼경 종이 땅 땅 땅 울리자 절은 더 깊은 정적 속에 묻혔다.

대중이 잠든 뒤에 노스님들이 보명당普明堂 한 방에 모였다. 불을 끈 보명당 안에서 숨죽여 말하는 노스님들 주위에는 어떤 흥분과 긴장이 감돌았다. 마지막으로 지리산 안내자 스님이 들어갔다. 이윽고 조실 진오 스님이 무겁게 입을 뗐다.

"자, 이제 출발합시다."

새 옷을 챙겨들고 조심스럽게 첫발을 떼어 놓으려고 할 때였다.

방문을 여는 순간, 이상스럽게 문이 밖에서 누가 끌어 당겨 저절로 열리는 것이 아닌가. 어둠 속에서 아직 감이 잡히지 않는 상태이다. 누가 문을 여는 것일까. 그는 이미 마루 밑에 은신하고 있던 한 스님이었다. 목검을 손에 쥐고 머리는 흑두건을 쓴 채였다.

불을 켠 순간이다. 노스님들과 안내자 스님이 얼마나 놀랐는지 모른다. 우리가 무엇을 잘못했기에 이런 흑두건을 쓴 목검 사람의 공격을 받다니!

이때 조실 진오 스님이 온몸을 부르르 떨며 사자후 하였다.

"네 이놈, 천하 마구니야!"

흑두건도 여기에 물러서지 않고 맞섰다.

"천하 마구니는 당신들이요!"

주위에서 고함치는 소리에 스님들이 웅성웅성 몰려들었다.

그동안 지리산 길 안내를 맡은 묘국 스님은 신선 만나는 정자를 만든다고 속여서 건축비를 타가는 좋지 않은 일을 한 사람이다. 이래저래 노스님들을 이용해 그동안 여러 차례 용돈조로 타간 것만도 적지 않았다.

스님들에게 붙잡힌 지리산 길 안내자 묘국 스님은 밤새 혼 줄이 났다. 노스님들을 속인 대가인 것이다. 이후 묘국 스님은 속가로 내려가 부산지방 어디에서 사주관상의 대 역학자가 되어 있다는 소식.

왜 그런 이상스런 일이 깨달음을 추구하는 노스님들에게 일어나는 것일까. 소설에서나 나옴직한 신선 이야기에 빠진 노스님들은 이후 얼마 지나지 않아 다 열반에 드셨다.

제2장
산승의 자화상

봉명재 시절 1

산승의 태자리가 묻힌 곳은 사자산獅子山 중턱 아래에 100세대 쯤 모여사는 농촌이다. 앞산은 열녀 며느리 바위 전설이 담긴 억불산億佛山이다.

산승을 잉태하고 꾼 태몽이 스님이란다. 어머니의 해몽은 이러하다.

"그러니까, 가을 추수를 다 한 뒤였지. 우리집에 탁발 나온 한 노승이 탁발을 하고 나서, 내 한 손에는 노란 책 한권을, 다른 한 손에는 실타래를 건네주었어. 그래서 산승의 건강이 괜찮을 것이고 또 책을 좋아할 아이라고 믿었고 산승이 출가 한 뒤에는 스님을 태몽으로 보아서 그런 것 같다고 생각해버렸지. 꿈을 꾸고 나서 늦가을 시월 하순경에 산승이 바로 태어난 거야."

산승의 봉명재鳳鳴齋 시절은 까마득한 옛날 같이 여겨진다.

어려서 한문을 배운 곳은 큰아버지 집 사랑방과 동네 서당 봉명재鳳鳴齋 였다. 그 시절 한문 스승은 큰아버지와 서당 훈장이었다.

산승은 다섯 살을 먹은 겨울철부터 여섯, 일곱, 여덟살 때까지 주로 겨울 농한기 철에 한문 공부를 하였는데 추구推句, 천자문千字文, 만물집萬物集, 계몽편啓蒙篇을 익혔다.

초저녁에 잠이 많고 새벽잠이 적어서 어머니가 아침밥을 지으려고 깰 무렵이면 같이 일어나곤 하였다. 창지문 밖은 아주 어두컴컴한 때였다.

일어나서는 이렇게 말하였단다.

"오늘 외워 바칠 것을 한번 읽어버려야지."

서당에서 글을 읽는 자세는 몸을 좌우로 혹은 전후로 흔들면서 읽는다. 산승이 몸을 흔들면서 한문을 소리 내어 읽는 모습을 보고 어머니는 높은 데에 보관해 두었던 홍시 같은 것을 내려서 산승에게 먹으라고 주곤 하였다.

"악아, 이것 먹어라!"

절에 와서도 몸을 흔들면서 경을 읽는 버릇이 있어서 처음에는 고치기가 힘들었다. 절에서는 경을 볼 때나 염불을 할 때의 자세는 꿋꿋한 부동의 자세인 것을 나중에 알았다. 옛날 일을 머리에 떠올리면 무엇이나 정답고 그리움이 묻어난다.

물그릇의 교훈이 있다. 산승의 덜렁거리는 습관을 고치게 한다고 하루는 큰아버지가 물그릇을 내밀고 말하였다.

"여기에 물을 가득 담아오너라!"

산승이 가득 채운 물그릇을 들고 한발 한발 조심스럽게 왔을 때였다. 큰아버지가 말하였다.

"그렇게 살아라!"

이 일이 산승의 평생 교훈으로 남아있다.

몹시 추운 겨울날 새벽에 나무하러 간 일이 생각난다.

고모 집 형하고 뒷산에 가래나무를 하러 간 것이다. 무척 추웠다. 겨울 찬바람이 어찌나 칼날같이 심하였는지 얼굴이 다 얼어붙을 정도였다.

뒷산에 올라가 새벽 어스름 속에서 갈퀴질을 몇 번 하였는데도 금방 한 지게가 되었다. 밤새 솔잎이 떨어져 많이 쌓인 탓이다. 나무를 지고 내려오는 산길에서 몇 번이나 나뒹굴어졌다. 그래도 재미가 있었다. 이날이 태어나서 나무를 해 본 첫날이었다. 어머니가 아주 대견해 하였다.

산승의 집에는 재봉틀이 있었다. 낮에 바느질을 하러 온 동네 사람들에게 자랑을 늘어놓았다.

"우리 집 큰 아들이 나무를 해 왔어요!"

지금도 뚜렷이 기억나는 것이 어려서 흙을 먹는 아이였다. 서당에서는 책을 읽다가도 흙을 떼어 먹곤 하였다. 서당의 벽은 도배를 하지 않아서 맨 흙이었다. 길에서 놀다가도 흙을 먹었다. 한번은 샘에서 물을 걸러오는 어머니와 마주쳤을 때였다. 어머니가 말하였다.

"또 흙 먹었구나!"

어머니가 흙이 든 손을 내려쳤다. 산승은 흙을 내버리고 어머니를 따라 집으로 돌아갔던 기억이 새롭다. 흙이 묻은 입 언저리를 씻어주며 어머니는 달래었다.

"악아, 흙 좀 먹지 마라!"

산승은 밥을 먹기보다 흙 먹기를 좋아했다. 그래서 항상 회충이 따라다녔다. 비자를 먹는 일도 늘었다. 비자 나무 열매는 민방으로 회충 구충제이다. 비자 맛이 떫어서 안 먹으려고 하면 집에서는 윽박지르며 기어이 먹으라고 하였던 게 생각난다. 몸이 파리하게 바짝 말랐고 얼굴색이 노랗게 떴다.

잘 믿기지 않겠지만, 출가할 무렵까지 산승의 몸무게는 47키로 정도였다. 출가한 이후부터 몸이 불고 성격도 무척 활발해져서 건강을 되찾았다고나 할까. 몸무게는 놀랍게도 훌쩍 뛰었다.

봉명재 시절 2 - 천재 탄생

산승이 처음 학문의 기초를 세운 데가 서당 봉명재鳳鳴齋이다. 그만큼 아련한 추억이 서려있는 곳이다. 20여 년 전에 찾아갔을 때의 일이다. 솔밭 속에 여기저기 흩어져 있는 주춧돌 이외에는 옛 흔적을 찾아 볼 수가 없었다. 사람도 없고 산천도 달라진 것이다.

지금은 봉명재 터가 또 어떻게 변해있을지 모르겠다.

각설하고.

그 시절 봉명재에서 실시한 모의 과거제도가 있었는데 여기에서 장원급제를 한 적이 있었다. 산승이 여덟 살 먹은 해 설날 무렵이었다. 동네 사람들이 산승을 두고 말하였다.

"아, 아깝네. 옛날 같았으면 장원 급제로 금의환향할 사람인데."

"글쎄, 글 잘한 아이는 뭐가 달라도 다르다니깐."

모의 과거는 설 무렵에 치러졌는데 장원 급제자는 술과 음식을 잔뜩 장만하여 봉명재에서 큰 잔치를 벌이는 것이 행사였다.

과거는 동반 서반으로 나눠서 대결구조를 갖고 있으며 절차는 세 단계를 거친다.

제1차 시험은 평소 배운 책의 외우기이다.

상대편 반에서 멈추라고 할 때까지 계속 외운다. 책 중간에 한 대목을 말하면 그 대목부터 줄줄 외우도록 한다. 이때 잘 외우면 제1차 관문을 통과 한다.

제2차 시험은 논강이다.

책의 내용 중에서 질문을 던진다. 가령 이렇게 묻는다.

"충효에 대해서 말하라."

"천지만물의 근원은 무엇인가?"

"이태백의 시 한편을 외워서 풀이 하라."

제3차 시험은 논술이다.

과거시험처럼 붓을 들어 논제를 보고 평문으로 논술하고 혹은 한시로 논술한다. 어린이는 제3차 시험이 면제 혹은 아주 간략한 절차로 통과된다.

산승 역시 그해 겨울에 장원급제하여 찬사와 축복을 한 몸에 받았다. 이때 산승은 천재 수재인 줄로 착각하였다. 작은 시골에서 모의 과거에 장원급제한 것이 그렇게 대단하게 여겨진 탓이었다.

나중에 알고 보니 돌아가면서 나눠먹는 상이라는 것을 알았다. 동네에는 세 성씨가 주로 모여 살고 있었다. 이 세 성씨가 한 해는 갑 성씨, 그 다음해는 을 성씨, 그 다음해는 병 성씨 하는 식이었다.

용케 고향을 떠나기 전 해에 산승이 장원 급제를 한 것은 어쩌면 그 해에 해당한 성씨인데다가 고향을 떠날 것이라는 점도 고려되지 않았을까.

좀 자라서는 한 겨울 방학 내내 논어를 붓을 들어 사경하였다. 열권이다. 창호지에다 사경하면서 논어를 외웠다. 책 표지는 노란 치자 물을 먹였고 빨간 색실로 책을 꿰매었다.

절에서 산승이 좀 똑똑한 체 한 것은 한자 몇 자를 좀 아는 정도인 것이다.

더 자라서는 주역을 혼자서 풀이하려고 하였다. 책을 덮어두고 괘상을 읽는 일인데 64괘를 줘다 외우고 스스로 판단하려고 노력한 것이다.

해인사 강당에 입학한 첫날이다.

다른 사람보다 좀 늦게 보궐 입학하여 청강생으로 지내게 된 때였다.

치문緇門 시간이다.

대원선사 경책에서 하필 주역 내용이 치문 주註에 나왔다. 지천태地天泰란 괘상이다.

치문을 가르치는 스님이 설명을 못하였다. 그냥 되는대로 말하였다. 아무도 모르거니 하는 태도였다. 산승이 청강생 주제에 손을 들고 말하였다.

"스님, 주역을 알고 말씀하십니까? 모르고 말씀하십니까?"

가르치는 스님이 눈치 빠르게 말하였다.

"아, 실은 .... 스님이 한번 설명해 보시겠습니까?"

이 일로 해서 뒷날 행자실行者室 중강中講으로 발탁되어 초발심자경문初發心自警文반의 강의를 시작하였다.

한자 몇 자를 아는 것이 절에서는 큰 자본이었다.

.

산승의 청소년 시절

> 밭을 매면 마음의 밭을 김매고
> 걸레질도 마음을 걸레로 닦네
> 아란야에 하는 일 없이 지내도
> 하루해가 그새 다 저물어 간다.

어린 시절의 일이 생각 나서 몇자 적는다.

어려서 서당에 다닐 때에 부모와 마을 사람들이 산승을 보고는 한마디 던졌다.

"참 심심치 않은 아이야!"

하나를 가르치면 꼭 다음 것을 혼자서 중얼거렸단다. 누가 시켜서 그런 것이 아니다.

예를 들면, 바위 암岩 자를 가르치면 이렇게 말한다.

"바위라고 바위 암, 돌이라고 돌 석."

내 천川 자를 가르치면,

"내라고 내 천, 강이라고 강 강, 바다라고 바다 해."

수풀 림林 자를 가르치면,

"수풀이라고 수풀 림, 나무라고 나무 목, 삼나무라고 삼나무 삼."

산승이 여덟 살이 되어도 집에서는 학교에 보내주지 않았다.

집에서 학교까지 꽤 멀어서 아홉 살에 입학시킬 참이었다. 더구나 산승이 잔병치레를 하여 그런 것이다. 집에서 학교까지는 왕복

삼십리 길이다. 주위의 같은 또래의 아이들은 다 여덟 살 나이에 입학을 하였다.

혼자서 초등학교에 입학하려고 한 일이 있었다. 이때 다른 아이의 학부형은 산승을 함께 데리고 학교에 갔다가 뜻을 이루지 못하였다. 산승은 하루 빨리 학교에 가고 싶어 안달이 났다.

주위 사람들을 졸라 한글을 익혔다. 3학년 누나의 책을 보고 공부하고 구구단도 다 외웠다. 서당에서 공부한 실력이 나와 거의 3, 4학년 수준이 되었을 때였다.

그때는 장날이나 집에 무슨 일이 생겨서 어린 동생이 집에 혼자 남게 되면 동생을 데리고 학교에 가서 같이 책상에 앉는 것이 가능하였다. 산승도 따라서 누나의 반 교실에 들어가서 지냈다.

산수 시간이었다. 선생님이 누나에게 문제를 주었다. 누나가 칠판에 나아가서 문제를 풀었다. 그러나 틀렸다.

산승이 칠판을 바라보면서 혼잣말 같이 말하였다.

"저어기, 틀려버렸어!"

이때였다. 선생님이 산승의 머리를 쓰다듬으면서 말하였다.

"아니, 네가 알겠어?"

산승이 고개를 끄덕였다.

"저건 29!"

이 일로 해서 껌을 맛보았다. 처음 먹어보는 껌이다. 그 전까지

는 밀을 씹어서 만들어 먹은 껌이 고작이었다. 누나 반 학생들이 예뻐하면서 껌을 주어서 먹은 기억이 새롭다.

그런데 그 껌이란 것이 반듯한 하나가 아니다. 누가 질근질근 씹다가 입안에서 조금 떼어주면 맛있게 받아먹는다. 우리는 자랄 때에 그게 비위생적인 줄을 전혀 몰랐다. 지금 생각하니 웃음이 절로 나온다.

다음해 초등학교에 입학하였을 때에 월반을 권하였다. 선생님은 부모님에게 말하였다.

"일학년이면 너무 낮고 3, 4 학년이 좋습니다."

"한문 실력은 중·고등학생 수준입니다."

서당에서 여러 권 한문을 떼어서인지 한문으로 일기를 쓸 수 있었다. 산승이 썩 명민하지 못해 그렇지 한문 선생은 족히 될 처지였다.

산승이 다닌 초등학교는 일기 쓰기를 매우 권장하는 도지정 국어과 연구학교였다. 한번은 방학 일기를 한자로 썼다가 선생님에게 꾸지람을 들었다.

"이런! 어린 아이가 어른처럼 한자를 써?"

눈을 좀 크게 뜬 선생님이었더라면 좋았을 것이라는 생각이 든다. 틀에 박힌 교육이다. 특히 미술, 음악, 문학에서는 문제이다. 어린이가 자유로운 생각을 펼칠 수 있도록 도와주어야 좋은

교육환경인 것이다.

  이제나 저제나 눈 푸른 선지식이 아쉬운 때이다. 우리 주위에는 딱딱한 교육자, 깜깜한 한밤중의 지도자가 얼마나 많은가.

  뒷날 이야기.
  문학의 꿈을 키우던 청소년 시절이다. 제12회 학원 문학상 문단에 투고하고 결과를 기다리는 때였다. 희한하게 꿈에 김동리, 황순원, 박영준 선생님이 보였다. 머리를 쓰다듬으면서 말하였다.
  "글을 쓰느라고 고생하였다."
  바로 그날이다.
  당선 통지 등기우편이 날아왔다. 당선소감과 사진을 보내라는 학원 편집부의 쪽지이다. 고등부 산문 분야에서 본상을 수상한 뒤의 일이다. 김동리, 황순원, 박영준 선생님을 뵙고 직접 강의를 들을 수 있었던 것은 행운이었다.
  조계산 송광사에 출가해서는 맑고 아름다운 글을 쓰시는 법정 스님을 모신 것 역시 큰 인연이었다.

산승의 중학시절

약간의 추억이 생각난다.

부친의 귀머거리 중병이 심하던 때였다. 부친은 귀가 들리지 않아서 엉뚱한 말로 대답하곤 하였다. 이때마다 우습지만 웃을 일이 아니었다.

4.19혁명 학생의거가 일어난 다음 해에 5.16혁명이 일어났다. 집이 강제 철거를 당하여 영락없는 노숙자 신세가 되었다.

뒷날에 벼랑에 매달린 처절한 심정으로 하루하루를 보낸 당시의 일을 생각하고 토끼라는 제목으로 글을 쓴 것이 학원문학상의 당선작이다.

노숙자 가족은 남의 상추밭에 움막을 쳐서 거처를 정하고 사는 것이다.

비가 오고 바람이 거세게 불면 초롱불이 훅 하고 꺼져버렸다.

일기를 쓰다말고 산승은 울면서 초롱불을 다시 켰다. 이 속에서 학교를 다녔다.

가사가 극도의 빈곤에 시달렸다. 모친과 누나가 밭에 가서 일을 하고 돌아오면서 주는 품삯으로 근근이 연명하였다. 고구마 철에는 고구마를 머리에 이지도 못할 만큼 많이 이고 와 쓰러져서 서로 붙들어 안고 울음을 터뜨렸다. 눈물을 흘리면서 고구마를 쪄 먹었어도 가족간에는 효성과 우의가 있었다.

그 당시 하루 밥 세 끼니를 먹은 것은 명절날과 생일날뿐이었다.

6학년에 올라가 담임선생님의 진학 타진이 있을 때였다.

부친이 산승을 불러 앉혀놓고 엄숙히 말하였다.

"혼자 힘으로 중학교에 다니려면 다녀라."

아, 어린 아이가 무슨 힘으로 진학을 하나?

밤이 되었다. 주린 배를 안고 밖으로 나와 하늘의 별을 보았다. 별빛이 산승을 아름답게 비춰 주었다. 지나가는 바람이나 집안에 켜진 불빛이 어찌나 먼 세상의 풍경 같이 느껴졌는지 모른다.

산승은 주먹을 불끈 쥐고 다짐하였다.

"그렇다, 혼자 힘으로 중학교에 가야지!"

입학시험 번호가 109번.

돌아보니 산승은 대개 중요한 순간에 꿈을 꾼다. 시험 합격자 발표가 있기 전날이다. 꿈에 시험발표장이 보였다. 산승의 109번이 대자보 글씨로 한가운데 큼직하게 붙어 있었다.

새벽에 기분이 몹시 좋았다. 어른들이 전에 한 말 대로 꿈 이야기는 안하는 것이 좋다 하여 묵언을 지켰다.

시험 합격자 발표 시간은 오후 1시.

마음이 급하여 몇 시간 전에 일찌감치 학교에 나갔다. 두 동생이 따라 나서서 함께 기다렸다.

드디어 발표를 하는 시간이다.

학교 이층 높은 벽에 붙은 종이에는 1번부터 시험번호 순서대

로 나와 있다. 헌데, 108번에서 110번으로 건너뛴다. 이게 웬, 합격도 못했는가.

금새 울상이 되었다. 당황하여 눈앞에는 아무것도 보이지 않았다. 망연자실하고 한참동안 서있을 때에 여기저기를 돌아본 동생이 말하였다.

"저어기, 장학생 중에 109번이 나왔어!"

"뭐, 어디에 무엇이...?"

과연 따로 발표한 종이에는 산승의 109번과 이름이 꿈에서 본 것처럼 가운데에 뚜렷하다. 다섯명 장학생 중에 한가운데였다.

참으로 극적으로 중학교에 진학한 순간이다. 철거촌 이웃들이 모두다 축하를 해주었다.

"이 집은 밤 늦게까지 불이 켜졌다 꺼졌다 하더구먼! 바람에 불이 꺼져도 다시 켜서 공부를 했는데 이런 사람이 장학생 안되면 누가 되겠어요?"

지금 생각하니 만감이 오고간다.

입학도 그랬지만 산승의 학창시절은 시종 실낱같은 생명의 줄에 매달려 곡예를 하는 날들의 연속이었다.

요즘 말로 말하면 도비道費 장학생이 되기 위해 A학점에 매달렸던 것이다.

중학시절 미완성 출가

첫 미술 시간에 미술 선생님의 눈에 띄어 미술 선생님의 개인지도가 시작되었다. 방과 후 미술실에서 미술부 형들과 함께 목탄으로 석고 데생의 기초를 익혔다. 조천룡 미술 선생님은 예술가였다. 목탄이 든 산승의 손을 잡고 데생을 가르치면서 말하였다.

"크거든 파리에 가서 그림 공부해. 인상파, 후기 인상파 화가의 그림도 보고. 넌 능력이 있어!"

한 달 정도 지나서였다.

사생 시간에 다른 급우들의 그림이 아주 어려 보였다. 그림을 보는 눈이 금세 달라진 것이다.

혼자 있는 시간이면 주머니에서 수첩을 꺼내 스케치를 하는 습관이 생겼다. 빈자리에는 소년의 꿈의 감상을 몇마디 적어 넣곤 하였다.

불자 가운데 기억하는 사람은 있을 것이다.

산승이 불교 잡지에 만화를 반년 정도 연재한 사실이다. 잡지가 폐간되어 그만두었다. 옆방 석지현 스님은 산승의 만화를 보고 말하였다.

"나는 스님의 만화 팬이요. 만화에서 선기禪機가 느껴져요!"

네 컷 짜리 선禪 만화이다.

법정 스님이 산승에게 말하였다.

"그림에서 데생을 한 사람과 안한 사람이 달라요. 같은 달마 대사 그림을 그려도 데생을 한 사람은 뼈가 있는 달마 대사지만 데생의 기초가 없는 사람은 그냥 살가죽만 있고 뼈가 없는 달마대사요."

뒷날 모교에서 동창회가 있을 때였다.

본관 현관에 재학생 때 그린 산승의 풍경화 한 폭이 색이 바란 채 걸려있었다. 이때 그림을 좋아한 한 친구가 산승에게 말하였다.

"야, 너 세잔느 같은 대 화가가 될 뻔 했지?"

각설하고.

2학년에 올라가서 초파일을 맞은 때였다.

마을에서 영화를 상영하였다. 밤에 학교 운동장에 흰 천의 영사막을 세우고 상영한 것은 불교 영화였다. 아마 포교 차원에서 인근 사찰 주지 스님이 상영한 것이리라.

영화 제목은 생각나지 않는다.

그 무렵 산승은 이차돈, 원효대사 같은 이광수 선생님의 전기 소설을 읽은 덕에 불교 영화를 보고 감동이 컸다.

이 영화는 산승에게 한 획을 그었다. 삶의 갈림길에서 망설임 없이 나서게 하였다. 노상 가난과 싸우며 공부벌레가 되어가는 자신에게 역감을 느끼고 있던 차에 입산 출가의 기폭제가 되었다.

늦은 밤이었다. 산승은 영화를 보고 나서 집으로 돌아가지 않고 곧바로 인근 산속으로 들어갔다.

큰 소나무 아래서 부처님처럼 가부좌를 한 자세로 앉았다. 도서관에서 요가 책을 본 것이 도움이 되었다.

"생노병사生老病死의 해탈!"

어쩌고 혼자서 영화에서와 같이 해보았다.

밤새 그렇게 지냈다.

"생노병사生老病死의 해탈!"

이 말의 뜻을 제대로나 알고 하였는지 의문이다.

새벽까지 산에서 지내다가 집으로 돌아갔을 때였다. 집에서는 미친놈이 나왔다고 웅성거렸다.

머리는 교모를 쓴 머리지만 백호白毫로 하얗게 밀었다. 인근 종고산鐘鼓山에 다닐 때에는 대나무 지팡이를 짚고 다니는 습관이 생겼다.

어느 날 한밤중이다. 부모님이 산승을 깨워놓고 의외의 말을 하였다.

"세수를 하고 정신을 차려봐라!"

산승이 세수를 한 뒤 잠시 바깥바람을 쐬고 방안으로 들어갔을 때였다.

"그렇게 산이 좋으면 해인사 절에 들어가 살래?"

이때 산승은 어찌할 바를 모르다가 집을 떠난다는 생각에 갑자기 울음이 먼저 터져 나왔다.

"흑 흑 ...."

이때 모친이 산승의 등을 두드리며 달래는 말을 하였다.

"아야, 그만 둬라, 먹어도 같이 먹고 굶어도 같이 굶자!"

해인사란 절 이름은 이렇다. 우리 동네에 해인사의 한 스님이 와 있는 중이었다. 친척 집에 다니러 온 것이다.

집에서 부모가 해인사 스님에게 산승의 처지를 이야기하니 그 스님이 말하였다고 한다.

"반드시 스님이 될 인연입니다."

그 후 스스로 학교에 자퇴서를 내고 입산을 결행 하였다.

학교에 가서 어렵사리 자퇴서를 받아왔다. 마지막에 깜짝 놀라는 교감 선생님이 산승을 붙들어도 막무가내였다.

"우리 학교에서 공부를 제일 잘하는 모범생이 이게 될 말이냐?"

"저는 스님이 될 것입니다."

"그렇게 어렵다면, 우리집에 와서 큰 아이를 가르치고 가정교사를 하면 어때?"

"저는 스님이 될 것입니다."

이때 참았던 눈물이 봇물처럼 쏟아졌다. 지금까지 몸을 담고 있던 세상을 하직한다는 것이 그렇게 어려웠던 것이다.

휴일이다. 가만히 집을 나와 버스를 타고 시외로 빠져나갔다. 학교 소풍날에 가 본 적이 있는 절이다. 처음 닿은 절이 유서 깊은 흥국사興國寺이다.

행자님들이 대웅전 앞에서 울력을 하고 있었다. 한 서너 명 정도이다. 한 행자님을 붙들고 산승이 말하였다.

"스님, 절에 ...."

그 뒤를 더듬거리며 말을 잇지 못하였다. 남의 앞에서 출가 입산을 말한다는 것이 그렇게 쑥스럽던 시절이다. 한 행자님이 말하였다.

"난 아직 행자인데 스님이라고 부르네!"

스님과 행자의 구별이 안 되어 모르는 사람이 보면 입산하여 갓 삭발한 행자님이라도 스님처럼 보인다. 다른 행자님들이 따라서 웃었다.

"하하하. 말해요! 무슨 말인지…."

"하하하. 우리가 스님이라네!"

행자님들이 웃는 것이 기분 나빴다. 말문이 막혀 더 말하고 싶지 않았다. 산승은 고개를 숙이고 곧 뒤돌아섰다.

"저는 입산자입니다."

왜 당당하게 말하지 못하였을까. 자신의 일이면서도 이해가 잘 안 가는 부분이다. 자퇴서까지 낸 마당에 너무 나약하다.

다음에 찾아간 절에서는 한 노승을 만났다.

그 다음에 찾아간 절은 대처승 절이다. 여기서도 한 노승을 만났다.

노승들은 하나같이 말하였다.

"학교를 다 마치고 오너라!"

"장남이면 부모가 아들을 찾으러 와!"

산승이 입산하려는 초기에 절에서 만난 사람들은 별로였다. 출가의 앞길을 열어주는 데에 도움은커녕 실망감만 안겨 주었다.

이제 돌아보니, 산승의 출가 인연이 아직 성숙하지 못한 때였던 것 같다. 집에서 라면 맛을 더 보아야 할 처지였다.

그것이 출가한 29세가 되기까지 13년이나 흐른 세월이었다.

과거생 인행담

산승의 최초 직업은 고향 고무신점 점원이었다.

주위에서 꽤 큰 고무신점이었다. 겨울날 새벽에 트럭으로 배달된 고무신 짐을 창고에 쌓아 정리하다 보면 어느새 짧은 하루해가 다 지나갔다.

시린 손을 호호 불며 하루 종일을 그렇게 보냈다.

먹는 건 김장 김치 가운데서 윗두께 배추로 냄새가 몹시 나서 비위가 좋은 산승 역시 역겨웠다.

"엄마, 새로 온 오빠는 일을 잘하고 공부도 잘 가르쳐줘요. 반찬은 우리가 먹는 맛있는 것으로 줘요."

몸이 좀 아파서 휴학 중인 딸아이가 어머니에게 졸랐다.

딸아이는 여고 1학년을 마치고 한 해를 쉬고 있었는데 저녁시간에 영어를 산승에게 배웠다. 건강이 좋아져서 새해에는 2학년에 복학할 예정이었다. 특성이 없는 얼굴이지만 마음씨가 착하였다.

그의 어머니는 말하였다.

"뭐, 한두 사람이냐? 다른 오빠들은?"

"아이, 차아 암, 엄마는!"

주인 내외는 지독한 깍쟁이로 이웃사람들에게 소문이 난 인물이었다. 딸아이는 부모 눈치를 보아가며 반찬을 챙겨주었다.

저녁에는 난로 가에서 딸아이가 군고구마를 구워 산승에게 주었고 손님이 없어 가게가 조용할 때에는 도란도란 이야기하며 함께 영어공부를 하였다.

하루는 아침 일을 하다가 산승의 바지 엉덩이가 터졌을 때였다. 딸아이가 터진 바지를 손 바늘로 꿰매줘서 다시 일을 하였다.

이날 오후였다. 일을 하다말고 옆집 아저씨와 주인이 무심코 하는 말을 들었다.

"저기, 일 잘하는 청년은 우리 딸아이 데릴사위가 될 사람이여!"

이 말을 듣고 같이 일을 하는 이 씨와 정 씨가 부러워하는 눈치였다. 그러나 산승은 이 말을 듣는 게 질색이었다. 쥐뿔도 없는 주제에 말이다. 그날로 나와서 고향 친척 집으로 향하였다. 까닭 모르게 산승의 비위가 상하였고 어린 마음에도 무조건 부자 집 데릴사위가 되는 것이 싫었다. 소매 고무신점을 하는 숙부의 소개로 동업자인 도매 고무신점에 아르바이트가 아닌 점원으로 들어간 것인데 숙부와 주인과는 무슨 말이 오고 갔는지 모른다.

이날따라 섣달 둥근 달이 대낮같이 밝았다. 시리도록 밝은 달빛을 온몸으로 받으면서 눈 쌓인 길을 걸었다. 이렇게 눈 속에서 달구경을 잘 해보는 것도 오랜만이었다.

기억나는 직업 가운데 엿장수 시절이 있고 막일꾼(노가다) 시절도 있었다. 지금은 아련한 추억 속에 꿈만 같다. 그래서인지 지금도 길을 가다가도 엿장수와 막일꾼(노가다)을 만나면 남의 일처럼 보이지 않는다.

돌을 캐내는 채석장에서도 두어달 동안 일을 했다. 이 극한 상황은 식권으로 현장식당(한바집) 생활을 해 본 사람은 알 것이다.

채석장에서 다이너마이트가 터질 때에 부상자가 생겨서 운반

한 일이며 간질병이 있는 남자가 언덕에서 굴러 떨어져 부축한 일 등이 생각난다.

그런데 왜 막일꾼(노가다)의 길을 걸었을까?

이것은 작가의 체험이라는 당시 산승의 생각이었다.

명작이나 걸작이 아니더라도 최소한 체험이 전혀 없는 글은 쓰기가 싫었다. 좋아하는 작가는 톨스토이, 도스토예프스키, 모파상 같은 이들이다. 특히 새로운 배경을 개척한 항공 작가 쌩 떽쥐뻬리나 해양 작가 헤밍웨이 같은 이들은 산승의 열손가락 안에 들어 있었다. 산승의 문학의 출발은 희곡이었다. 셰익스피어의 사대 비극을 읽고 습작으로 희곡을 쓴 일이 있었다. 그래서인지 한때는 소극장에서 연극 보기를 즐겨 하곤 하였다.

막일꾼으로 하루를 마친 피곤한 밤에도 일기는 꼬박꼬박 썼다. 당시 머릿속의 화두는 삶과 땀의 의미였다. 산승이 초등학교 때부터 출가 전까지 써서 모아둔 일기장은 큰 상자로 하나가 되는 분량이었다.

지난 일들은 하나같이 아름답다.

한번은 산승이 차를 몰고 옛날 비지땀을 흘리며 길을 냈던 곳을 지나갈 때였다. 그냥 지나가지 못하고 멈춰 섰다. 산승이 막일꾼(노가다)으로 삽자루 질을 했던 장소쯤에 서 보았다. 혹은 엿장수를 하며 걸었던 길게 뻗친 아스팔트 길을 걸어보았다.

세월 속에 묻힌 옛 시절을 회상하다가 시간이 가는 줄을 몰랐다.

나이가 들어 산승의 옛집에도 가 보았다. 태자리를 묻은 곳을 십 수 년 만에 방문한 것이다. 부모인 처사님과 보살님도 만나보고 식사 대접을 하였다. 낳아준 인연과 공덕을 생각하였다. 부처님의 인연법으로는 8천세 인연이 부모 자식 간의 인연이다. 부부는 7천세 인연이고 형제자매는 9천세 인연이다. 옷깃 한번 스친 인연이 5백세 인연인데 그렇게 소중한 것이다.

대략 15년 전의 이야기이다.

한번은 송광사 여름 수련회 기간 중에 산승이 지도법사였다. 이때 프랑스 빠리에서 한 신도분 내외가 불일암에 참배를 왔다가 산승을 찾아와서 말하였다.

"법정 큰 스님 말씀에, 지묵 스님이 저희 고향 고무신점에서 일을 하셨다고 하기에 고향 고무신점들을 모두 다 돌아보고 왔어요. 하하하."

산승도 따라 웃었다.

"하하하."

김 처사님과 보살님은 산승의 동향인이다.

한번은 법정 큰 스님이 프랑스 길상사에서 산승의 과거를 알고 김 처사님에게 말하였다.

"김 처사님, 지묵 스님과 고향이 같습니다."

이때 고무신점 점원 이야기를 꺼냈다고 한다.

산승이 불일암에서 시자로 지낸 시절에 다실에서 차를 마시는 자리였다.

법정 큰 스님은 산승의 첫 직업 이야기를 듣고 난 끝에, 약간 흐린 눈빛을 감추는 듯 손등으로 눈물을 닦으면서 산승에게 하신 말씀이 기억난다.

"보살의 과거생 인행담忍行譚이요. 그걸 토대로 정진을 잘해요."

조계산 송광사 출가

    산에 올라가면 산승만의 습관이 있었다. 반반한 바위 위에 한자 글씨 열 자를 쓰고 그 글씨 위에 눕는 것이다. 이 습관은 처음 불교 영화를 보고 밤중에 산으로 들어간 뒤부터 생겼다.

    시작은 반반한 바위 위에 작은 돌로 새기듯이 썼다. 계속 오래 쓰면 약간 패인 자리가 생기는데 이 무렵부터는 작은 돌을 버리고 검지로 썼다. 글의 출전은 원효 스님의 법문이지만 화엄경에도 나오는 말이다.

    일체에서 걸림이 없는 사람은　　一切 無碍人
    생사에서 벗어나 도를 이룬 자.　一道 出生死

    새벽 등산에서 하루일과를 이렇게 시작하였다. 나중에 정으로 새긴 글씨처럼 하얀 글씨가 드러날 무렵부터는 신이 났다. 시간이 있을 때에는 낮 시간에도 이 바위를 찾아가 눕곤 하였다.

    산승은 이 글씨 위에 누워있는 시간이 참으로 편안하였다.

    솔잎 사이 보이는 푸른 하늘이
    깊은 호수와 같이 숨을 내쉰다
    하얀 구름 꽃구름 떠도는 하늘.

    산승이 본 가장 아름다운 풍경은 이렇게 누워서 본 푸른 하늘이었다.

각설하고.

출가 전에는 어리석게도 출가 나이를 29세에 두고 있었다. 부처님과 원효 스님의 출가 나이가 29세인 탓이다.

다음은 첫 수필집에 실린 출가 이야기의 일부분을 옮겨 적는다.

29세가 되던 삼월 초순이다.

간단한 배낭을 챙겨 나그네 길에 올랐다. 차를 타기도 하고 걷기도 하였다.

공주, 논산, 삼척, 양양, 경주에서는 걸식에 가까운 짓을 해서 끼니를 때웠다. 왜냐하면 피골이 상접한 산승의 몰골을 보고 낯선 이들이 보고 자기 집에 데려다가 재워주고 먹여주고 하였으니 거지도 상거지였기 때문이다. 철저히 자신을 혹사하는 길을 택한 셈이다.

이때 기억나는 것은 한용운 스님의 글이다.

공주 사대師大에 다니는 죽마고우를 만나러 간 길에 도서관에서 한용운 스님의 불교대전佛敎大典을 읽고 중요한 대목은 뽑아 적었다.

불교대전은 대장경의 아웃트 라인Out Line만을 정리해 모은 책이다. 산승은 한용운 스님이 생존해 계신다면 당장이라도 뛰어가고 싶을 정도로 불교대전에 폭 빠져 출가의 희열에 차 있었다.

서해안 쪽으로 올라가 북상하여 설악산을 출발점으로 다시 동해안을 끼고 남행하여 경주에 도착하였다. 보름 남짓한 그동안 뜨거운 인정에 눈시울을 적신 적도 많았고, 한편으로는 출가의 길을 택해 불자가 되겠다는 생각도 더욱 익어갔다.

토함산吐含山에 올라가 피곤한 몸을 뉘었다. 골짜기에 높이 쌓인 지난해 낙엽 속이다. 몸을 깊숙이 낙엽 속에 묻고 자다가 한밤중 어느 때인가 잠이 깨었다. 코끝에 낙엽 냄새가 스며들었다. 약초 같은 알싸한 냄새가 좋았다.

어둠 속에서 웅크린 채 짐승처럼 새벽을 맞이할 때였다. 멀지 않은 절에서 목탁 소리가 들려왔다.

"똑 똑 똑 ……"

이어서 범종소리도 우렁우렁 소리를 내며 산승에게 덤비듯 들려왔다. 산승은 일어나 앉아 이런 소리와 다른 또 하나의 소리를 확신을 가지고 들었다.

"자, 출가를 해야 할 때다!"

출가 본사를 송광사로 택한 데에는 까닭이 있다.

토함산에서 자고난 아침이다. 노숙자 형색으로 불국사 문을 두드렸다. 한참 만에 매표소 안에서 한 처사가 부스럭거리며 나왔다.

그는 눈을 비비고 하품을 하면서 산승에게 말하였다.

"아하, 여기는 거지가 오는 데가 아니야!"

대번에 문전박대를 당하였다.

"그렇다, 새 옷을 입고 출가를 해야지."

돌아오는 기차 안에서 한 스님과 마주 앉게 되었다. 마침 보조 국사 재齋를 모시러 가는 해인사 비구니 노스님이었다. 여러 말 가운데 이런 말이 귀에 솔깃하였다.

"송광사는 보조 국사 이하 16국사가 배출된 승보僧寶종찰 입니다. 출가를 하려면 송광사로 하시오."

나그네 길에서 귀가하였을 때 장마가 시작되었다. 산승은 비오는 날씨가 개기를 기다리며 목탁치고 염불하는 법을 익혔다.

그날은 화창한 날씨였다. 아침에 떠날 때는 좀 덜 갰으나 낮이 가까울 무렵 송광사에 들어섰을 때에는 푸른 하늘이 얼굴을 내밀었다.

지금도 입산할 때를 기억한다.

극락교에서 일주문까지 걷는 동안 시종 만취한 술꾼처럼 비틀거렸다. 길가 나무 기둥에 기대고 서 있기를 여러 차례나 하였다.

사람이 기뻐도 미치는 모양이다. 머리가 어떻게 되지나 않을까 염려되었다. 장마에 물이 불은 계곡의 물소리가 꽐꽐꽐 오장육부 속을 시원스럽게 흝고 흘러가는 것 같았다.

주지 스님이 산승의 출가를 허락한 순간이었다. 이때 무명지를 깨물어서 방바닥에 길게 펴놓은 창호지에 혈서를 썼다.

그러나 부처 불佛 자 한자로 그치고 말았다. 주위에서 놀라 크게 만류한데다가 손가락에서 피가 많이 나서 종이 전체에 번진 탓이다. 이때 쓰려고 한 글 내용이다.

    부처님의 은혜에 귀의 합니다   佛恩歸依
    악도에서 면하게 하여 주소서.   願免惡道

이렇게 해서 산승의 행자 시절은 시작되었다.

절집 안은 여기저기를 둘러봐도 전혀 낯설지 않았다.

"산승이 전에 살았던 옛 고향집이 아닐까?"

이런 생각이 들 정도였다.

출가를 새 삶이라고 하였다. 죽은 과거는 사라지고 새 생명이 태어난다는 뜻이다.

출가 이후 산승이 달라진 모습이다. 첫째는, 좌충우돌하다가 안정된 자세를 찾았고 둘째는, 지그재그의 걸음걸이에서 바른 목표를 찾았고 셋째는, 불안과 병고에서 안심과 건강을 찾았다는 점에서 다함이 없는 삼보의 은혜에 감사한다.

이제 이야기는 출가 이후 30년을 훌쩍 뛰어넘는다.

환갑이 가까운 이즈음은 토굴과 같은 아란야 선원에 물러나 지낸다.

그동안 틈나는 대로 꽃밭과 농작물을 가꾸는 이야기들은 이미 해 왔고 지금 하고 있고 앞으로도 할 것이다.

몇 차례에 걸친 출가 이야기는 여기서 마칩니다. 성불하십시오.

 후일담

　一切無碍人　一道出生死

이 글씨가 새겨진 비석 같은 돌은 산승이 해인사 승가대학 시절에 찾아가 보았으나 사라지고 없었다. 주위를 살피다가 눈길을 끈 돌층계가 있었다. 새마을 바람으로 등산로 층계 일부가 되어 땅속에 반쯤 묻힌 글씨였다.

한참동안 그 돌계단에 서 있었다. 만감이 교차된다.

"이 법문의 계단을 밟고 다니는, 선남자와 선녀는 행복하시라!"

나의 종교

여섯살 무렵에 처음 나간 교회는 크리스마스 날 아침이었다. 눈길을 이십여리 걸었다. 신비한 느낌 속에 누님과 함께 시골 눈길을 걸었던 기억이 새롭다. 교회는 이웃 마을을 세번 지나서 있었다. 뾰쪽한 십자가가 종각 위에 걸린 일반 교회 건물이었다.

차디찬 마루에 앉아 처음으로 찬송가를 흉내내어 따라 불렀지만 기실은 과자를 준다는 말이 귀에 솔깃하여 따라간 것이다.

뒷날 철이 들어서는 교회는 다니지 않았어도 신구약 성경 39, 27장을 차례로 읽기 시작하면서 욥기를 즐겨 읽고 찬송가 두어편을 즐겨 불렀다.

천주교는 10대 후반에 동네 천주교에 입교하여 교리문답 과정을 밟는 것으로 그쳤다.

유학은 전통대로 서당 공부로 시작하였다.

다섯살 먹은 해 겨울이다. 말을 제대로 못한 아이가 추구推句 책을 처음 배우기 시작하였다.

"하느으 천, 노푸 고, 나아 일, 다아 월, 바글을 명."

혀 짧은 소리가 나와서 일명 〈혀짜른 쟁이〉란 놀림을 받은 기억이 있다. 평소 새벽 잠이 없어서인지 모친이 밥을 하려고 부엌으로 나가시는 문소리를 듣고는 곧 깨어 일어나, 윗몸을 요리저리 흔들면서 한문을 소리 내어 읽곤 하였다. 모친이 부엌에서 방안으로 볼 일이 있어 들어왔다가 공부를 하는 내 모습을 보고는 홍시

등을 내어주면서,

"아이 착해, 깨우지 않았는데 일어나 공부하네!"

하고 머리를 쓰다듬어주셨다. 눈길에는 혼자 다니기 어려워 고종 사촌 형의 도움을 받았다. 새벽녘에 형의 지게 위에 얹혀 마을 뒷산 서당에 갔다.

형이 꿩이 약을 먹고 눈길에 쓰러져 있는 것을 주워오는 모습을 보았다. 그때마다 아침 첫 햇살에 빛나는 꿩의 찬란한 빛깔이 퍽 인상적이었다.

서당에서는 아침에 붓글씨를 썼다. 종이가 귀한 시절이라 신문지가 새카맣게 되도록 썼다. 여덟살이 되던 해의 설 무렵, 추구 천자 만물집 계몽편 등을 차례로 배웠을 때였다.

논어 사경를 혼자서 한 적이 있다.

한 겨울 동안 창호지에 붓으로 논어 전권을 사경하였다. 표지는 치자 물을 노랗게 들였다. 마지막으로 한장 제본은 황권적축黃券赤軸으로 꿰매었다. 나의 학구열이 한참 때인 십대에 한 일이다.

동네 어른들이 소문을 듣고는 혀를 내두르며 〈별놈〉이라고 하였다.

초등학교 시절이다. 신선이 되고 싶었던 어린 시절 생각은 지금도 가슴 저린 추억이다.

노송 아래 지팡이를 짚고 앉아있고 혹은 서서 폭포수를 바라보는 호호백발 노인도老人圖 앞에 서자 눈길이 문득 멎었다. 이보다 매혹적인 그림이 다시 있을 것 같지 않았다. 나도 빨리 늙어 호호백발의 신선처럼 되고 싶은 생각이 들었다.

불교의 최초는 초등학교 하급학년 때에 동급생이 절에서 가져온 떡과 과일을 얻어 먹고 힘께 절에 따라 간 데서 시작된다.

여름날 친구의 집인 절에 가서 한나절 놀다가 저녁 무렵에 귀가하였다. 절 대청 마루에서 한 객 스님이 하신 재미있는 이야기를 듣고는 이런 생각을 먹었다.

"나도 스님처럼 저렇게 이야기를 잘 할 수 있을까?"

이야기 내용은 삼국지였다. 구수한 이야기가 쏟아져 나와 절에서 나오기가 싫을 정도였다. 친구는 지금도 타종단의 스님으로 지척지간에서 산다.

새벽에 등산하여 절 약수터에서 물 한모금 마시기가 어린 시절 취미였다. 혼자서 목탁을 즐겨 치면서 반야심경 외우기도 하였다. 불연이 있어 산승이 출가하여 스님이 된 것이 기쁘다. 시간이 흐를수록 불은에 감사한다. 늘 포물선 높은 꼭지점처럼, 현재가 살아온 세월, 전생애 가운데서 가장 잘 사는 기분이다.

해마다 봄이 되면

해마다 봄이 되면 풋풋한 마음으로 입산하였던 시절을 생각한다. 연세가 80이 넘은 모친은 지금도 정정한데 이렇게 말한다.

"독한 아들!"

식물의 비유가 있다. 프랑스 땅에 심은 고추는 프랑스 고추로 열매를 맺는다. 한국에서 고추 씨를 가져가 프랑스에 심으면 프랑스 고추가 되어버린다. 한국 고추는 맵고 작으나 기후 풍토에 따라 프랑스 고추는 덜 맵다. 마찬가지로 절에서 생활하는 출가자는 부처님의 자손이 되어버린다. 그리하여 가족과는 절연한 독한 아들 딸이 된다고 말한다.

산승의 최초 가출은 10살 무렵, 한 아주머니 때문이었다. 이렇게 보면 산승 역시 가출 경험이 있는 전과자의 한 사람이다. 오후였다. 우리 집은 쌀을 파는 작은 가게였다. 오전반으로 초등학교에서 돌아온 산승은 쌀가게에서 숙제를 하고 있었고 모친은 시장을 보러 잠시 자리를 떴다. 마침 숙제를 같이 하러 옆집에서 한 아이가 왔다. 조금 지났을 때였다. 기다렸다는 듯이 웬 40대 아주머니가 손님으로 들어왔다.

"야, 너, 쌀을 팔 수가 있냐?"

"예."

"그럼, 오늘은 좀 쌀을 많이 살려고 한다. 넌, 똑똑해서 말야, 잘 헤아릴 수가 있겠지?"

"예."

"그런데, 내가 좀 바쁘니까, 빨리 빨리 싸주거라."

이렇게 해서 쌀을 후다닥 팔게 되었다. 단숨에 자루에 담고 큰 그릇에 담고 또 자루에 담고 해서 쌀을 퍼서 마구 되질을 하였다.

진땀이 나왔다. 어린 아이에게는 힘이 부쳤다. 쌀 한되 두되 숫자는 노트 한쪽에 정正자로 표시를 했다. 반장 선거를 할 때에 기록할 때처럼 하였다. 정正자 표시는 열이고 스물이고 계속 썼다. 기억에 나지 않지만 거의 한 가마니 정도를 챙기지 않았나 싶다. 쌀을 그릇과 자루에 다 싸 담은 아주머니가 서두르며 말했다.

"야, 이러면 어떻겠냐? 이따 말야, 너희 엄마가 오시거들랑 드리도록 하자. 너는 어려서 큰돈은 안 된다."

".........................."

"야, 그럼, 우리 집까지 어서 함께 가자. 우리 집을 잘 알아두어라. 아주 가깝단다. 넌, 착하지? 공부도 참 열심히 하는구나!"

아주머니의 집은 아주 가까웠다. 길 건너 편 골목을 한 50m 쯤 돌아가서 큰 대문이 있는 집이었다. 그 집안에는 들어가 보지 않았다.

"야, 꼬마야, 그럼, 우리 집 문표를 적고 돌아가거라."

산승은 그때 한문으로 쓰인 문표를 대문 앞에서 읽었다.

아주머니는 여러 차례를 오고가면서 쌀을 다 가져갔다. 별 의심이 없이 한시간이 지났다. 모친이 시장에서 돌아와서 깜짝 놀랐다. 쌀 함지에 소복이 쌓아둔 쌀이 보이지 않은 까닭이다.

산승이 자랑스럽게,

"다 팔았어요."

하고 노트에 적힌 정正자와 문표에 적힌 이름을 내보였다. 다음은 쌀 판 돈을 내놓으란다. 그 집을 알아만 두고 돈은 받지 않았다고 하니, 어서 그 집으로 찾아가자고 한다. 모친과 함께 가본 큰 대문이 있는 집은 딴 집이었다. 노트에 적힌 문표 이름을 거듭 확인한 모친이 외쳤다.

"이런, 도둑년이!"

산승은 이 말이 떨어지기가 무섭게 두 주먹을 불끈 쥐고 골목 밖으로 뛰어 달아났다. 최초의 가출이었다. 세상과 접한 허무감. 그날 일기를 쓸 때에는 무상無常한 내용을 썼다. 결국 오고갈 데가 없는 산승은 밤새 거리를 헤매다가 새벽에 주린 배를 안고 다시 집으로 돌아올 수밖에 없었다. 그날 따라 행복하게 웃으며 길을 걷는 사람들이 왜 그렇게 부러워 보였는지 모른다. 산승은 지금도 기억한다. 사람들의 물결 속에서 고독한 나그네처럼 지친 걸음을 떼어놓은, 그 우울하고 처량하였던 밤길이다.

이제 출가를 한 이야기이나 출가과정은 생략한다.

그럼 무엇을 위해 출가를 하였는가. 어떻게 가족과 결별하려는 생각이 들었는가. 산승의 일이지만 지금 생각해봐도 풀리지 않은 수수께끼의 하나이다. 그냥 좋아서 출가를 하였다. 산이 좋고 스님이 좋고 불법이 좋아서 출가를 하였다고 밖에.

천하 불자는 세속 사람이 아니라	天下佛子 非世人
재색과 유루의 법을 구하지 않나니	不求財色 諸有漏
부처님의 혜명을 이어 중생을 건져야만	續佛慧命 度衆生
이를 일러 충천하는 기상을 가진 대장부라 한다네.	是卽衝天 大丈夫

이것은 산승의 출가게出家偈이다

불국선원의 추억

산승의 초선初禪 안거安居는 경주 토함산 불국선원. 초선 안거는 참선하는 스님이 처음 선방에 들어가서 보낸 곳이다. 벌써 스무 해가 더 된 오래된 이야기이다.

월산月山 조실 스님의 덕망에 관한 이야기이다.

월산 스님은 금오金烏 스님의 법을 이은 선지식이다.

스님의 풍채가 뛰어나 박정희 최고위원시절의 일화가 있다.

복원된 불국사를 보기 위해 박정희 최고의원이 헬리콥터로 도착하였을 때였다. 마중 나온 스님을 멀리서 보고는 감탄하여 말한다.

"아니? 저렇게 멋진 노승이 계신다니!"

백발에 허우대가 큰 스님이 지팡이를 습관처럼 짚는다. 귀공자 풍의 노승의 모습은 멀리서 보나 가까이서 보나 다 멋지다. 마치 신선이 이 땅에 잠시 내려온 게 아닌가 의심스러울 정도이다.

그 무렵이다. 노승의 시자가 하나 속을 무척 썩였다.

한번은 그 시자가 절에서 가출을 하였다. 한참 지나서 시자가 다시 산으로 돌아왔다. 밤 9시 삼경 무렵이다. 자리를 펴고 자려는데 누가 노승의 염화실 방문을 두드렸다. 그는 가출한 시자였다. 얼굴이 시커멓다.

노승은 허리를 굽혀서, 마루바닥에 엎드려서 용서를 비는 시자의 어깨를 붙들어 세웠다. 그리고 똑바로 처다보며 말했다.

"이놈아, 몸이나 다치지 않았느냐?"

의외였다. 불호령이 떨어질 것을 각오하였는데 그게 아니다. 따뜻한 할아버지의 손길처럼 포근하였다. 이윽고 시자는 얼굴을 바로 들지 못한 채 울먹였다.

"스님, 흑 흑 흑, 용서해 주십시오. 흑 흑."

노승은 목욕을 하게 한 다음 당신의 새 옷을 꺼내 주었다.

"이놈아, 새 옷을 입어라."

시자는 노승이 꺼내준 새 옷을 입고 시자실에 누웠으나 밤새 잠을 이룰 수가 없었다. 너무 감격하여 눈물로 지새웠기 때문이다.

시자는 그 당시 일을 산승에게 이렇게 토로하였다.

"난, 세상에 그렇게 몸이 떨리게 감격해 본 적이 없었어요."

그 뒤로 시자는 더욱 효성스럽게 노승을 잘 모셨다.

"제가 죽는 날까지 스님을 잘 모시고 싶어요."

질책 대신 포용이 시자의 중노릇을 바로 잡는 계기가 되었던 것이다.

여기서 세계 기업인 가운데 성공한 사람의 이야기가 떠오른다.

부하가 배반을 하고 그의 곁을 떠났으나, 그는 묵묵히 때를 기다리는 아량을 가졌다. 후일 부하가 다시 그의 곁에 있기를 희망하였을 때에는 또 거두어 주는 열린 마음이 있었다. 부하에게는 던진 첫마디 말이 참 대단하다.

"이보게, 자네 건강은 괜찮은가?"

미담은 그냥 생기지 않는다. 기분 나쁜 일까지 어떻게 보느냐에 따라 아름다워지는 것이다. 잡초를 들꽃으로 보는 눈 역시 그렇다.

잡초는 모두 베어버리지 않는다. 그냥 그대로 놔둔 채 야생 들꽃으로 볼 수 있는 눈이 더 아름다운 것이다.

제3장
비온 뒤에 무성한 조롱박 넝쿨

고구마를 캐면서

흙냄새가 좋다. 추석 상차림에 올릴 고구마를 파는 중이다. 고구마 알이 굵고 실하다.

자주빛 고구마 알이 손에 잡힐 때마다 생기가 돈다. 수확의 즐거움이란!

작년에는 같은 밭이라도 알이 잘고 수확도 떨어졌다. 금년에는 많이 심기도 하였지만 수확도 풍년이다. 고구마는 맛 좋은 섬 고구마 맛이다. 맛이 자연 그대로 살아있다. 누가 비료를 주라고 화학비료를 가져다주었으나 아직 밭가에 놓여있다. 퇴비 외에는 쓰지 않는다. 수확이 좀 덜하더라도 자연 그대로 가꾸어야 제 맛이다.

무슨 까닭인지 모르나 토란과 고구마는 병충해가 아주 없는 편이다. 아직은 농약을 쓰지 않아도 된다. 아마도 토란의 독한 성질이 그런 역할을 하는가 본다. 토란의 싸아한 맛을 사람이 그냥 먹어도 자극적이다.

쉴 참에 잠시 건너편 벼논으로 눈길을 돌린다. 익어가는 벼 빛깔처럼 아름다운 빛깔이 있을까. 노랗다고는 하나 노랗지 않고 푸르다고는 하나 푸르지 않다.

황금빛 들판이란 말은 하나의 일반 수식어이다. 황금빛 들판을 정작 눈앞에 두고 있는 산승의 입장에서는 말문이 막힌다. 어찌 황금빛 들판이란 말 몇 마디로 들판의 아름다움을 다 표현하랴?

비탈진 밭가에는 밤나무 잎이 가을햇빛을 받아 반짝 빛나며 나

부낀다. 올해 밤이 잘 여물었다. 호두알만한 알밤이 제법이다.

맑은 하늘에는 잠자리가 날고 익어가는 논가에는 백로가 오르락내리락한다.

청정한 가을풍광 속에서 고구마를 캔다.

호미질을 할 때마다 손안에 고구마알이 잡히는 즐거움이란!

고구마 알이 상하지 않게 천천히 두둑을 파헤치는데 지렁이가 많다. 그만큼 공해가 없다는 말이다. 무공해 아니 저공해 식품이 따로 없다. 자연 있는 그대로 지킬 뿐이다.

선禪에서는 지관타좌只管打坐라고 하여 다만 청정본연의 부처 모습을 그대로 지켜 앉아있을 뿐이다.

의도하여 고의로 본래 부처를 젖혀두고 다른 부처가 되려고 하는 것을 경계한 말이다.

이제 불전에 올리고 이웃 여기저기 추석 상차림용으로 돌릴 만한 양이라면 한 두둑가량이면 넉넉하다. 줄기는 따서 추석 나물로 쓴다.

점심 후에는 토란 수확이다.

잎이 무성하여 앞을 가린다. 말린 잎과 줄기는 좋은 나물감이다. 토란은 보관해 두고 명절 때마다 귀하게 쓴다. 연잎을 닮아 토란을 좋아한다. 토란 주위에 심어진 한연旱蓮 역시 같은 뜻이다. 잎이 연잎과 닮았다.

내년에는 족두리꽃 다음으로 연잎 닮은 화초작물 종류를 많이 심을 예정이다. 족두리꽃은 아란야 입구 양쪽에 사천왕처럼 서있다. 화기花期가 길어 여름부터 가을 내내 아름다운 모습이다. 마음은 벌써 씨앗을 모판에 파종을 하는 내년 봄에 가있다.

유쾌한 초파일
— 연등 접수를 하지 않아도 되는 초파일 —

먼저 제 집처럼 아란야 선원을 아끼고 가꾸어 나가는 불자 여러분과 만난 것을 불연佛緣으로 생각한다.

이번 초파일은 비속에서 지냈다. 비가와도 좋고 비가 안와도 좋은 아란야는 솔직히, 연등 접수 같은 것을 하지 않아서 홀가분하였다. 유쾌한 초파일이었다.

처음부터 세운 계획이 연등의 접수가 없는 초파일이었다. 종일 매달려 연등을 만드는 일은 없었다. 작년에 썼던 주름등을 울타리 주위로 내걸고 밤이면 불을 밝히는 것으로 초파일 준비는 충분하였다.

꼭 마지못해 연등을 켜려는 불자에게는 붕어를 달도록 하였다. 붕어 모양의 꼬리표는 주소 성명을 적는 대용물로 몇 개를 달아도 상관없다.

연등 접수금은 스스로 복전함에 넣는 것이다. 붕어 앞면은 이름, 붕어 뒷면은 발원하는 내용을 간단히 쓴다. 여기에 코팅을 하여 주름등 하나에 세 개씩 단다. 불법승 삼보의 세 개이지 다른 뜻은 아니다. 이래서 비가와도 좋고 오지 않아도 좋다는 말을 한 것이다.

초파일 법문은 제 이름을 크게 부르고, 삼창三唱한다.

"아무개는 부처입니다."

"아무개는 부처입니다."

"아무개는 부처입니다."

이어서 불교 우화로 마쳤다. 인생의 비유를 담은 안수정등岸樹井燈 화두이다. 안수정등岸樹井藤의 화두는 톨스토이 참회록에 같은 이야기가 나오지만 실은 불설 비유경에 나오는 불교 우화이다.

나그네가 불타는 광야를 걷고 있을 때였다. 홀연 미친 코끼리 한 마리가 나그네에게 덤벼들었다.

마침 주위에는 큰 나무 한 그루가 거인처럼 가지를 벌리고 서있는 곁에 우물이 있었다. 우물 안으로는 큰 나무에 얽힌 칡덩굴이 내려뜨려져 있었다. 나그네는 급한 김에 칡덩굴을 타고 내려가 우물 안을 피신처로 삼았다.

하지만 우물 안도 살벌하였다. 우물 안 주변 벽에는 이무기 네 마리가 혀를 널름거렸고 우물 아래에는 독룡이 입을 벌리고 있었다.

더욱이 나그네가 매달려 있는 칡덩굴에는 검은 쥐와 흰 쥐 두 마리가 덤벼 갉아댔다. 이때 절체절명의 이 순간, 나무 위 꿀벌 집에서 꿀이 한방울씩 떨어졌다.

나그네는 칡덩굴에 매달린 채 꿀맛에 탐착하였다. 그 맛이 어찌나 달든지 모든 고통을 잠시 잊을 판인데 화두를 말한다.

"자, 이런 죽음을 목전에 둔 당사자라면 어떻게 할 것인가?"

전강田岡 스님은 말하였다.

"아, 달다!"

이 우화는 오욕이란 꿀맛에 탐착한 우리 중생 이야기이다. 오욕은 재물, 여색, 음식, 명예, 수면 등 다섯 가지 욕망이다.

불타는 광야는 무명無明의 긴 밤이고, 코끼리는 무상無常이고,

우물은 생사生死이고, 칡덩굴은 목숨이고, 검은 쥐와 흰 쥐는 밤과 낮이고, 네 마리 이무기는 사대 육신이고, 벌꿀은 오욕락五慾樂의 비유인 것이다.

아침마다 자신이 부처라는 확신을 세 번 가진다는 의미에서 삼창한다.

"아무개는 부처입니다."
"아무개는 부처입니다."
"아무개는 부처입니다."

그리하여 날마다 꿀 한말씩 생긴다.

어차피 중생 세계에 떨어진 몸이라 꿀맛이 필요하기 때문에 화두를 들어서 깨달음을 꼭 이루도록 해야 한다.

화두가 처음은 쓴 맛이다. 차츰 꿀맛이 되는 순간 공부가 순일해진다. 이 때 공부인은 불연佛緣의 깊은 이치에 매료된다. 이 세상에서 욕망으로 얻는 기쁨이 오래가지 못한다는 이치도 분명해진다.

만약 불법을 만나지 않았다면 무위법의 이치를 깨닫지도 못하였을 것이다.

무위법에 눈을 뜨면 모든 것이 분명하게 보인다.

달리 말하면, 중생은 중생이 아니고 스스로 중생 노름에 빠진 것뿐이다. 우리 불자들은 현재의 순간 신구의身口意 삼업三業이 미래에 어떤 식으로든지 연결된다는 걸 알아야 한다. 초파일을 맞아 자신의 카르마가 무엇인지 유턴U-turn하여 보는 시간을 갖는 일이 중요하다.

이런 마음이 초파일을 빛내는 것이다. 그리고 육안에서 나아가 새로운 눈으로, 혜안慧眼, 법안法眼, 불안佛眼에 눈을 뜨도록 한다.

외형으로 비대해져가는 바깥세상과 마찬가지로 절 안에서도 내실이 없이 돈을 높이 받드는 승가라는 지적은 초파일에 정말 하고 싶은 말이다.

우리 불자가 부처님의 근본정신에 투철하여야 불교의 미래가 밝아진다. 열심히 연등을 만들어 켜서 어떤 일에 썼는가 하는 것은 매우 중요하다.

부처님 정신이라면, 초파일 수익금은 투명하게 바로 공개되어 한 점 그늘이 없어야 한다. 그런데 언제부터인가 초파일 불사는 어긋나기 시작했고, 결국 연등 켜는 숫자에 매달려 빈녀貧女의 일등一燈 의미는 뒷전에 묻혀버렸다.

공공연하게 많이 만들고 많이 접수받고 많이 켜는 것을 앞세운다. 초파일 부처님 오신 뜻의 촛점을 잃어버려서 뭐라고 말할 수 없는 심정이다. 마치 기업주가 되어 사회 벤처기업인들에게 한 수를 가르쳐주려는 자세이다.

부처님은 말씀하셨다.

"법등명法燈明, 자등명自燈明!"

법등명, 자등명이 부처님의 유훈이다.

이제 새로운 시작을 앞둔 초발심 불자들은 절대 선대의 잘못된 길을 걷지 말고 법등명, 자등명 대로 나아가길 발원한다.

불생불멸의 법을 등불로 삼으며, 자기 마음을 등불로 삼으시길.

귀의삼보歸依三寶.

산마을로 띄우는 편지

스님,

엊그제 뵈었을 때에, 기관지가 좋지 않아 천식기가 늘 따라다니던데요. 좀 어떻습니까?

치료제로는 적당치 않지만 그래도 드시면 좋은 식품이 있답니다. 도라지, 더덕, 은행, 계피, 동충하초, 배 등입니다.

가까이 계시면 배를 황토에 싸 가지고 장작불에 구워 드릴 텐데요. 예로부터 두어 개만 드시면 그만이랍니다. 배 안에 꿀을 채워 넣으면 더 좋지요.

스님,

지난 추석날에 어찌 지내셨는지 궁금해 하는 산승에게 스님은 말씀하셨지요.

"가까운 ○○휴게소에 가서 4,000원 짜리 우동 먹었지."

이 말씀 끝에 산승의 마음이 얼마나 찡했는지 모릅니다.

"칠순 노인이 세상에. 스님, 사람은 어울려 함께 살게 되어 있어요."

"그래, 함께 살게 되어 있지."

스님,

큰 절에서 후학을 봐서라도 함께 지내시기를 간곡히 청합니다. 함께 먹고 자고 일하면서 본이 되어 주셔야지요. 법문으로 한 시간 하시고 훌쩍 떠나시는 건 큰 영향력이 없습니다.

보십시오.

가난한 절을 만든다는 것이 창건 이념이었지요.

다 부자 절이 되어도 우리 절만은 가난한 절로 남겠다고요. 집도 가난한 집이고 먹고 사는 것도 가난한 살림이고요.

공부 하려면 목숨을 떼어놓고 해야 한다는 준엄한 가르침이 떠오릅니다.

스승은, 어김없이 독설로 사정없이 경책하고 방망이로 때려도 공부하는 진정한 후학은 스승의 매를 고맙게 여기고 각고의 정진을 한 것이 달마의 가풍입니다.

부처님 절은 청빈이 창건이념입니다. 그러나 현실은 부자 절이 되기보다 가난한 절이 되기가 더 어렵습니다. 왜냐하면 살림을 사는 주지는 부자 절 쪽에 눈이 먼저 가고 가난한 절은 거들떠보지도 않기 때문입니다.

아침은 일식 삼찬, 점심은 일식 오찬이 선가의 가풍입니다.

이런 정견正見 정안正眼을 갖추는 일이 우선이라고 옛 사람은 말씀하십니다.

옛 일화입니다. 앙산仰山 스님이 스승 위산潙山 스님의 질문에 대답하였습니다.

"열반경涅槃經 40권이 모두 마군의 말입디다."

이것이 앙산 스님의 바른 눈 정안正眼입니다.

이번에는 위산 스님이 행실行實에 대하여 묻는 앙산 스님에게 대답하였습니다.

"자네의 정안만 귀하게 여길 따름이지, 자네의 행실은 그다지 귀하게 보지 않겠노라."

이것이 바른 눈을 뜬 뒤에 행실을 말하는 까닭입니다. 그런 까닭에 옛사람이 말하였습니다.

"수행을 하려면 우선 반드시 돈오頓悟해야 하느니라."

진정한 의미의 수행은 깨달은 뒤부터 수행이 시작된다는 말입니다. 그 이전은 말이 수행이지 진정한 수행이라고 할 수가 없다는 뜻입니다.

스님,

스님이 계시는 동안만이라도 살림하는 사람들이 정견 정안을 갖추도록 채찍을 들어 주십시오. 그러기 위해서는 후학들과 함께 기거하는 시간이 많이 필요합니다.

창건 이념으로 내세운 청백 가풍이 후세에 단 한 절이라도 남아있기를 발원하면서 이 글을 마칩니다.

늘 청안하십시오.

수원 아란야 선원에서 (삼배)

참고로, 큰 스님이 쓰신 가난한 절의 이야기를 다시 읽는다.

❧ 가난한 절이 그립다

옛 스승은 말씀하셨다.

"도를 배우는 사람은 무엇보다도 먼저 가난해야 한다. 가진 것이 많으면 반드시 그 뜻을 잃는다. 예전의 출가 수행자는 한 벌 가사와 한 벌 바리때 외에는 아무 것도 지니려고 하지 않았다. 사는 집에 집착하지 않고, 옷이나 음식에도 생각을 두지 않았다. 이와 같이 살았기 때문에 오로지 도에만 전념할 수 있었다."

이런 법문을 대할 때마다 나는 몹시 부끄럽다. 지금 내가 지니고 있는 것이 너무 많기 때문이다. 누구나 할 것 없이, 한 생각 일으켜 살던 집에서 뛰쳐나와 입산 출가할 때는 빈손으로 온다. 이 세상에 처음 올 때 빈손으로 오듯이, 이 절 저 절로 옮겨 다니면서 이런 일 저런 일에 관계하다 보니 걸리는 것도 많고 지닌 것도 많게 된 것이다. 지닌 것이 많을수록 수행의 길과는 점점 멀어진다.

출가 수행승을 다른 말로는 '비구'라고 한다. 산스크리트에서 음으로 옮겨진 말인데 그 뜻은 거지乞士다. 인도에서 모든 수행자들은 전통적으로 음식을 탁발에 의해 얻어먹기 때문에 이런 이름이 붙여진 것이다.

일반 거지와는 달리 빌어먹으면서도 그 지향하는 바가 다르다. 밖으로는 음식을 빌어 육신을 돕고, 안으로는 부처님의 법을 빌어 지혜 목숨慧命을 돕는다는 두 가지 뜻이 있다.

이와 같은 거지들이 모여 사는 곳이 절이다. 시대의 흐름에 따라 옛날과 한결같을 수 없는 것은 수행자라고 해서 예외는 아니다. 하지만 시대의 어떤 흐름 앞에서라도 그 근본정신을 잃는다면 수행자의 존재 의미는 사라지고 만다. 수행자들이 사는 세계를 흔히 출세간出世間이라고 하는데, 생활양식이 세속이나 다름이 없다면 굳이 출세간이라고 말할 것이 무엇인가.

오늘날 산중이나 도시를 가릴 것 없이 수행자가 분수에 넘치고 흥청거리는 것을 뜻있는 사람들이 한결같이 지적해 온 바다. 나라 안이 온통 경제 위기로 인해 일터를 잃은 실업자가 무수히 거리로 쏟아져 나오고, 살길이 막막하여 스스로 목숨을 끊는 사람들이 늘

어만 가는 지금 이런 참담한 현실을 망각한 채 씀씀이를 함부로 하면서 흥청거릴 때인가.

지난 봄, 볼 일이 생겨 몇 차례 내가 예전에 살던 절에 가서 2, 3일씩 묵고 온 적이 있다. 내가 혼자서 조촐히 살던 때와는 달리 모든 것이 넘치고 있는 것을 보고 놀라지 않을 수 없었다. 시주의 물건이 얼마나 무서운 것인가를 그들은 모르고 있었다.

옛 스승들은 한결같이 가르치신다. 배고프고, 가난한 데서 수행자의 보리심이 싹트는 것이라고, 시주의 은혜를 많이 입으면 그 무게에 짓눌려 제정신을 차리기가 어렵다.

서산 스님도 선가귀감에서 출가 수행자에게 간곡히 타일렀다.

"출가하여 수행자가 되는 것이 어찌 작은 일이랴. 편하고 한가함을 구해서가 아니며, 따뜻이 입고 배불리 먹으려고 한 것도 아니며, 명예와 재물을 구해서도 아니다. 생사를 면하려는 것이며, 번뇌를 끊으려는 것이고, 부처님의 지혜를 이으려는 것이며, 갈등의 수렁에서 뛰쳐나와 중생을 건지기 위해서다."

가난한 절에서 살고 싶은 것이 내 소원이요, 염원이다. 보다 단순하고 간소하게 사는 것이 수행자로서 본질적인 삶이라고 나는 믿고 있기 때문이다.

한 시주의 갸륵한 뜻으로 길상사를 세워 개원하던 날, 나는 대중 앞에서 다음과 같은 말을 했다. 요즘 절과 교회가 호사스럽게 치장하고 흥청거리는 것이 이 시대의 유행처럼 되고 있는 현실에서 이 절만은 가난하면서도 맑고 향기로운 청정한 도량이 되었으면 좋겠다고 했다.

어떤 종교 단체를 막론하고 그 시대와 후세에 모범이 된 신앙인들은 하나같이 가난과 어려움 속에서 믿음의 꽃을 피우고 열매를 맺었다는 역사적인 사실을 상기시켰다. 또한 이 절은 불자들만이 아니라 누구나 부담 없이 드나들면서 마음의 평안과 삶의 지혜를 나눌 수 있기를 바란다고 덧붙였다.

사석에서 몇 차례 밝힌 바 있듯이, 내 자신은 시주의 뜻을 받아들여 절을 일으키는 일로써 할 일은 끝난 것이다. 운영은 이 절에 몸담아 사는 사람들이 알아서 할 일이다. 절을 세우는 데에 함께 동참한 크고 작은 시주에 나는 늘 고마움을 간직하고 있다. 부처님의 가르침을 믿는 마음에서 기꺼이 참여한 시주의 공덕은 이 도량이 지속되는 한 결코 소멸되지 않을 것이다.

이 기회에 한 가지 밝혀 둘 것은, 절은 어떤 개인의 재산이 아니라 종단의 공유물이라는 사실이다. 시주가 이 도량을 나에게 의탁하여 절을 만들었다고 해서 어찌 내 개인의 절일 수 있겠는가. 길상사가 마치 내 개인 소유의 절인 줄로 알고 그동안 경향 각지의 많은 사람들이 물질적인 도움을 청해 올 때마다 나는 참으로 곤혹스러웠다. 낱낱이 응답을 못 해드린 점 이해해주기 바란다.

현재 내가 몸담아 사는 산중의 오두막은 여러 가지로 불편한 환경이다. 그럼에도 불구하고 나는 이곳에서 단순하고 간소하게 내 식대로 살 수 있기 때문에 일곱 해째 기대고 있다. 어디를 가보아도 내 그릇과 분수로는 넘치는 것을 감당할 수가 없어, 나는 이 오두막을 거처로 삼고 있는 것이다.

거듭 밝히는 바이지만 나는 가난한 절이, 청정한 도량이 그립고 그립다.

솔향기 속에 결제 준비

어제 밤이다.

동참자 일곱 사람이 1080배 철야정진을 할 때의 일이다.

솔차를 가미하여 솔향기가 나는 벌꿀 한 병을 어느 분인지 불전 공양을 올린 게 있었다. 절을 하기 전에 호박떡에 이 꿀을 먹었더니 힘이 났다. 1080배 철야 정진은 아란야 회원이 한 다섯 해 전부터 해온 일과의 하나이다. 매월 둘째 주 토요일마다 해오고 있다.

처음은 혼자서 여러 달 해오다가 동참자가 늘어서 스무 명도 될 때가 있다. 이 날에는 꼭 잊지 않고 찾아오는 철야정진 단골 나그네들을 만나는 기쁨이 있다. 단독 주택이라 이웃의 눈치를 보지 않는다. 고성염불로 석가모니불, 하여도 좋다.

올 동안거부터는 금, 토요일마다 하는 좌선 시간이 바뀐다.

지금까지 한밤중까지만 해온 프로그램이나 동안거부터는 새벽 3시까지 한다. 그래도 동참자가 서서히 모인다.

일주일에 몇 시간 정진만으로 직성이 풀리지 않기 때문이다.

동참자가 적어도 한번 앉는다면 철야로 해보기로 하였다.

참선강좌는 수, 목요일에 있다. 참선불교대학이라고 해도 좋다. 선가귀감 등 어록을 통해 차근차근 기초 좌선법을 익히는 시간이다. 시간은 8시 30분부터 한 시간 반 동안이다.

좌선방에 10년 다녀도 요령이 없이는 헛일이다. 경험자는 한결같이 말한다.

"선방 안에 들여놓은 보리자루지요. 전문으로 매일 8시간씩 하는 참선 수선자受禪者 역시 도로아미타불이란 말입니다."

오늘 일요일은 밭모퉁이에 구덩이를 파서 무우을 묻는 일을 하였다. 철야 정진한 거사님 한 분과 결제 준비차 온 상좌가 한 몫 했다. 일을 한 김에 연뿌리도 손질을 마쳤다. 썩은 뿌리는 버리고 좋은 뿌리만 남겨 두었다. 수련은 두 폭은 보온한 지하 방에 넣어 두었다. 감나무와 모과나무를 한그루씩 심으려다가 그만두었다. 작은 묘목은 추위에 견디기 어렵고 봄에 심어야 좋다고 한다.

아란야 기념식수이다. 12월 달에 1080배 철야 정진을 한 그 뒷날로 정하였다. 작년 이 무렵 입주한 날이기 때문이다. 이날에는 수계식도 함께 봉행할 예정이다.

점심공양은 다른 두 보살님이 와서 일손을 덜어 주었다. 마지막 아욱 순을 따서 끓인 아욱국이 일품이다. 가을 아욱국은 문 걸어 두고 먹는다는 말도 한다. 점심을 먹고 나니 아란야 선원 집과 너른 터를 쓰게 한 보시자 가족이 왔다. 다들 반긴다. 농사를 잘 지었다고 칭찬이 자자하다. 특히 고구마가 달고 맛있다고.

점심 공양 후에는 으레 그렇듯이 향기 좋은 허브 차 다회를 열었다.

"하하하."
"호호호."

웃음꽃이 핀다.

기가 살고 혈이 통하는 분위기 속에서 즐겁게 일하고 나면 밝은 웃음이 나온다. 서로간의 신뢰로 심어진 따뜻한 웃음.

참으로 귀한, 아름다운 웃음이다.

장윤이 아버지
— 술을 마시면 금강경을 설하는 사람의 이야기 —

한때 산승이 아는 장윤이 아버지는 술을 마시면 절에 찾아왔다. 대신 술을 안마시면 오는 날이 없었다.

장윤이 아버지는 곤드레만드레 취해서 이렇게 말하였다.

"스님, 나는 술 취하지 않았어요. 나는 술 취해서 떠드는 사람이 제일 싫어요."

산승이 말하였다.

"하하. 오늘 술 취하셨군요."

장윤이 아버지는 말하였다.

"아니지요, 나는 술 취하지 않았어요. 나는 술 취해서 떠드는 사람이 제일 싫다고요."

장윤이는 큰아들의 이름인데 물론 가명이다. 장윤이는 대학을 막 나와 직장생활을 하는 젊은 사람이다. 그는 우리 절에도 몇 번 나온 적이 있다. 불자라기보다는 참선에 약간 관심을 갖는 편이다.

장윤이 아버지는 재미가 있다.

술 취해서 떠드는 이야기는 딱 정해져 있다.

첫째, 나는 술 취하지 않았다. 술 취해서 떠드는 사람이 제일 싫다. 예의를 모르는 사람이다.

둘째, 나는 지금까지 살아오면서 마음먹었는데 안 된 것이 없다. 시내에 집을 사려고 마음먹었는데 집을 샀다. 아들 대학 보내려고 마음먹었는데 대학 보냈다. 아들 취직 시키려고 했는데 취직 시켰다.

셋째, 명심보감의 제2장 말씀이다.

한소열(漢昭烈=유비)이 장종將終에 측후주왈勅後主曰, 물이소선 이불위勿以善小而不爲하고 물이악소 이위지勿以惡小而爲之하라.

한소열 임금이 죽을 때에 후주에게 이르셨느니라.

"선이 작다 하여도 아니하지 말고, 악이 작다 하여도 하지 말지니라."

이 구절은 정작 삼국지에는 없는 구절이고 없는 말을 지어서 꾸며댄 말이다. 장윤이 아버지는 이 세가지 말을 고장 난 축음기처럼 몇 번이고 되풀이하다가 내가 장윤이 어머니에게 전화를 해서 모서 가게 해야 떠난다.

산승은 장윤이 아버지를 통해서 금강경 강의를 듣는 것 같다.

술 취한 장윤이 아버지뿐만 아니다. 미친 사람, 강력범을 지은 미결수, 사랑에 빠진 사람, 거짓말을 잘하는 사람에게도 금강경 법문을 듣는 것이 재미있다.

술주정꾼이 술이 적게 취하면 모를까 너무 취하면 말한다.

"나는 술 취하지 않았다. 사람들이 술 취했다고 말한다. 그러나 술을 마셨지만 취한 것이 아니다."

산승이 남쪽 큰 절에 지낼 때였다. 절에 온 미친 사람에게 말하였다.

"당신 미친 사람이구먼!"

미친 사람은 말하였다.

"나는 미치지 않았소. 사람들이 미쳤다고 말하는데 그러나 미친 게 아니지요."

산승이 물었다.

"집이 어디요?"

미친 사람이 대답하였다.

"나는 집이 없소. 가는 데가 집이요."

다시 물었다.

"이름이 뭐요?"

미친 사람이 말하였다.

"이름이 그렇게 중요하나요?"

산승이 선사와 문답하지 않나 할 정도이다. 딱 떨어진 맞는 말만 하였다.

듣자니 강력범이나 사형 미결수는 이렇게 말한다고 한다.

"나는 죄가 없소. 죄명이야 있지만. 나는 죄인이 아니요."

이렇게 죄가 없다고 확신하며 말하는 죄인은 어느 나라나 공통적이라고 한다.

이성간에 사랑에 빠진 사람은 일상을 이탈하여 부끄러움을 모른다. 만일 남의 이목을 생각하고 부끄러움을 안다면 아직 부족한 사랑일 것이다. 사랑하는 사람은 사랑이 지난 뒤에야 말한다.

"그때 사랑인 줄 몰랐지요. 지내놓고 보니 그게 사랑인 줄 깨달았습니다."

결국 금강경의 아라한 경지에 오른 성자의 말이다.

"아라한이 내가 아라한 경지에 올랐다고 생각하면 아라한이 아니다. 아상이 남아있기 때문이다."

유위법 세계에서도 이만한 가치가 있다고 생각한다. 부처님이 진정으로 무위법 세계에서 원하는 게 무엇인지 쉽게 이해가 된다.

"나라는 아상我相을 버려라."

게다가 거짓말쟁이들은 평생 제가 한 거짓말이 참말인 줄 착각하고 거짓말을 남에게 한다. 그래서 모든 것이 다 잘 될 것이라고 믿는다.

"나는 거짓말을 하지 않습니다. 남들이 거짓말을 한다고 말하지만. 그러나 거짓말을 하는 사람이 아닙니다."

흥미로운 점은 거짓말을 하는 사람은 밥 먹듯이 거짓말을 많이 하여 두려움이 없이 제 거짓말에 확신이 차있다. 그러나 꼭 자신만만한 것만은 아니다. 거짓말이 안 먹혀 들어갈 양이면 변신술을 쓴다. 착하고 순진한 사람을 가장하고 어린애처럼 울기도 한다.

재미있는 세상이다.

금강경에서 말한다.

"소위 불법이란 것은 불법이 아니니라."

"또한 법은 비법非法이고 비비법非非法이니라."

어려운 말 같지만 어려운 말이 아니다.

원과 직선으로 비유하여 본다.

원은 무위법無爲法을 말한다. 완성된 원은 시작과 끝이 없다. 깨달음의 세계이다. 직선은 유위법有爲法을 말한다. 시작이 있으면 반드시 끝이 있다. 중생의 이분법 세계이다.

무위법을 이해하는 사람은 부처님의 미묘한 세계를 이해하는 사람이다.

금강경 정신은 깨달아도 깨달음이 없을 때 진정 깨달음이다.

토마토를 따면서

아란야 절 한 쪽 밭에 일군 토마토 밭고랑에 서 있다. 향이 진하다. 토마토 잎줄기의 풋내가 살아있다. 비를 맞고 더 꿋꿋이 뻗은 줄기 끝 순은 아이의 고운 손가락과 같다.

붉게 익은 토마토 하나를 따서 우물쩍 먹는다. 향과 맛이 싱싱하다. 머리 위로는 조롱박이 한 뼘 지난 크기로 자라고 있다. 소나무와 주위 보조 그물을 타고 뻗어 올라가는 박의 무성한 넝쿨이 아름다운 음악 소리를 낸다. 가만히 들여다보는 사이에 오페라의 연주 소리처럼 들린다.

그림 그리기를 지도하는 한 보살님의 말이 생각난다.

"농작물은 주인의 발자국 소리를 듣고 자란대요. 저는 시골에서 자라서 어른들의 말씀을 자주 듣고 자랐거든요."

수도와 가깝게 심어 놓은 토란 밭.

물을 좋아해서 물가에 심은 토란의 너울너울한 잎이 연잎처럼 아름답다.

어른 스님이 하신 말씀.

"견식見食이 부처님의 공양법이지. 그냥 보는 것으로 자신다. 입으로 씹어 먹는 대신 눈으로 요기를 하신다."

눈으로 보는 즐거움만으로도 배가 부르다. 굳이 먹어야 제 격은 아니다.

절 앞에 빗속에 핀 연꽃 한 송이. 물속에서 고개를 들어올린 수련이 매일 정오 무렵에 한 송이씩 핀다. 천왕문 다음의 봉황문 자리에 놓여있다.

고전을 펼치다가 홀연 이런 생각이 들었다.

"연을 사랑하는 사람은 군자요, 보살이다."

연을 사랑하는 사람은 이렇다. 화려한 겉치레를 좋아하지 않고 달밤에 핀 박꽃처럼 어눌하게 말하고 소박한 수행을 좋아한다.

남의 이목을 끄는 이인異人 기인奇人은 물론, 신통 묘용을 쓰는 신통한 사람을 좋아하지 않는다.

숫자와 모양과 이름에 팔려 사는 사람은 화려한 꽃을 좋아한다. 사람 마음을 보지 않고 수량으로 말을 하고 모양으로 말을 하고 이름으로 말을 한다.

도연명 시인의 시 채국동리하를 읊어본다.

오두막 토굴을 짓고 인가에 머물러도	結廬在人境
수레와 말굽소리 소란스럽지 않네	而無車馬喧
묻기를, 그대, 어찌 그럴 수 있는가?	問君何能爾
마음이 속진 경계에 멀어져 절로 아득하여라.	心遠地自偏
동쪽 울타리 밑에서 국화를 캐다가	採菊東籬下
허리를 펴고 남산을 바라본다	悠然見南山
산 기운은 해질 무렵에 아름다운데	山氣日夕佳
석양에 나는 새들은 떼 지어 돌아오는구나.	飛鳥相與還
이 가운데 도의 참뜻이 있긴 하나	此中有眞意
입을 열고 할 말들을 잊었구려.	欲辨已忘言

황금 들녘 앞에서

저녁을 먹고 절 앞 논가에 서서 길게 부는 바람을 쐬고 있다. 남쪽 지방을 지나는 태풍 때문일까. 바람이 강하게 불 때마다 어스름 속에서 벼의 파도가 물결친다.

눈앞은 저녁놀 속의 가을 화폭 하나. 노란색이라고 해도 황금 노란색이고 푸른색이라고 해도 색이 퇴색한 푸른색으로 노란색과 푸른색이 서로 좋은 대조를 이룬다. 황금 노란색은 익어가는 논벼의 아름다운 색깔이고 푸른색은 벼의 잎과 줄기의 색깔이나, 짙음과 덜 짙음, 맑음과 덜 맑음의 차이로 노란색과 푸른색은 그 종류가 가지가지로 아름답다.

오래 서 있어도 센 바람이 싫지 않고 오히려 시원스럽다.

저녁은 개원 불사에서 남은 찬밥을 볶아서 볶음밥으로 하고 감자 된장국으로 수저를 적셨다.

오늘 낮에 생긴 일.

나그네를 버스 터미널까지 배웅하고 돌아왔을 때였다. 한길 건너 희곡리에서 온 아주머니가 봉고차를 절 앞에 주차시키고 있었다. 얼굴 특성이 별로 없는 아주머니는 무슨 물건을 배달을 하는 일을 한다. 엊그제 개원식 소식을 듣고 지나는 길에 한번 들렀다는 것이다. 법당에서 예불을 마친 다음 보살님이 물었다.

"어디서 오신 스님입니까?"

"저요? 순천 송광사지요."

"멀리서 오셨네요!"
"네. 부처님 인연입니다."

차와 포도를 권하였다. 차는 개원일에 쓰고 남은 연차蓮茶이고 포도는 주위 포도원의 것인데 양이 많아서 오는 사람마다 포도를 권한다. 황토 땅에서 자란 포도의 당도가 높아 맛이 그만. 희곡리 포도원 외에 내기리 조씨 집에서 또 포도 상자를 불전에 올렸다. 올해 포도 수확은 물론 고추 농사 등도 아주 좋은 편이다.

멀리서 남쪽지방에서 올라온 증편떡도 내놓았다. 떡을 맛보고는 잠시 후 자리를 털고 일어나면서 말하였다.

"담에 또 오겠어요. 절에 오면 그냥 마음이 편해 3년 전부터 절에 다녀요."

조금 지나 비설겆이를 할 때였다. 논 건너편에 사는 만국이 어머니가 왔다. 만국이 집은 은행나무집으로 통한다. 하늘로 향해 거인의 팔처럼 가지를 벌리고 서 있는 큰 은행나무가 만국이 집 앞에 있기 때문이다.

여기 와서 80일을 지내는 동안 마을 사람 중에서 가장 혜택을 많이 받은 사람이라면 단연 만국이 어머니이다. 때맞추어 와서 아란야 밭을 갈고 농약 치며 영농 지도를 해주는 등, 동네 이런저런 소식을 만날 때마다 전해 주곤 하였다. 만국이 어머니는 그녀 특유의 소 같은 웃음을 띠며 말하였다.

"어려운 부탁 하나 하려 왔는데요."
"하늘의 별 따오라는 건 아닐 터고... 무슨 부탁인데요?"
"저어기, 희곡 슈퍼에 갔더니.... 개원식 때 나눠준 가방이 좋대요."

"아, 그래요?"

"그것 남았으면, 다섯 개만 주세요."

"드리고말고요... 몇 개 남겨 놓았지요."

"무리하시지 말고...... 있으면 주세요!"

개원식 기념품은 절할 때 쓰는 수건인 배건拜巾과 경책 가방 등 두 가지이다. 이 가운데 가방이 단연 인기란다. 개원식 참배객은 130~140명 정도이지만 준비한 가방 200개는 이미 바닥나버렸다.

가방을 건네주고 만국이 어머니와 논가에서 배웅인사를 하였다.

하늘이 이제 컴컴해진다. 붉은 놀 기운은 이미 사라졌고 새 소리가 어우러진다.

평생 여기서 지내도 좋을 것 같다. 모두가 만족스럽다. 지금 눈앞에 황금 들녘을 바라보는 즐거움이 어디라고.

깊어가는 가을 밤, 풀벌레 소리가 여기저기서 가을을 노래한다. 조주 선사의 오도송을 한글로 옮겨본다.

봄에는 꽃 피고 가을에는 휘영청 밝은 달
여름에는 청량한 바람, 겨울에는 천지를 휘덮는 흰 눈
이 가운데 마음이 걸림 없으니
인간 호시절이어라.

명절 여담

음식 만들 때 진언이 있다.
"옴 맛나 맛나 사바하."
명절 무렵 암자에서 지낼 때이다. 부엌에서 점심 준비를 하고 있는데, 법정 스님이 뒤에 와서 물으신다.
"무슨 생각을 하면서 밥을 짓느냐?"
산승은 별로 할 말이 없어서 그냥 스님의 입만 바라보았다.
".........."
스님이 말씀하신다.
"음식 만들 때 진언이 있지. 옴 맛나 맛나 사바하. 세 번이야!"
갑자기 부엌이 웃음바다가 되었다.
"하하하."
"하하하"
이렇게 간혹 순간순간에 아주 재미있는 일이 벌어진다.

공양 후 다과시간.
차를 마시는 시간에는 풍류에 맞는 이런저런 이야기가 오간다. 예컨대, 한 스님이 마루 밑에서 자란 죽순을 잘 키운 이야기이다.
점차 자라서 처음에는 마루를 뜯어내고 다음은 지붕을 뚫고 키 높이 키운 것이다. 비가 와서 지붕이 샌 것이 흠이었으나 아랑곳하지 않았다.

또한 차를 마시다가 옛날 귀한 다완茶碗을 깨뜨린 사람에게 스님이 말한다.

"그건 만들 때부터 깨지도록 된 것이요."

불일암 다실 창문을 열면 조계산 한 쪽이 눈에 들어온다.

법정 스님이 잠시 밖을 내다보다가 과일 쟁반을 가리키며 사람들에게 묻는다.

"누구 조각과를 나온 분 안 계셔요?"

모두 얼굴을 쳐다본다. 무슨 말씀인지 감이 잡히지 않아서이다.

스님이 보충 설명한다.

"조각과를 나온 사람이 과일 좀 깎아요!"

사람들이 웃는다.

"하하하.."

이때 용감한 보살님이 나선다.

"제가 조각과는 안나왔어도 ....과일은 깎지요!"

스님이 말한다.

"그래, 조각과 안나왔어도 과일을 깎아요!"

과일을 먹으면서 조금 지나 누가 묻는 말에 스님이 다시 말을 잇는다.

"스님, 국문과를 나오셔서 글을 쓰셔요?"

"아니지요, 국문과는 안나왔어도 글은 써요."

문경 희양산 봉암사에서였다.

명절날에 글을 모르는 사람의 축원 카드 찾는 법이다. 어떤 명절날은 일손이 바빠 신도 축원 카드함에서 자기 카드를 뽑아낸다. 자기 축원 카드 모서리에 동그라미로 사인을 해둔다. 문맹자의 자구책.

한번은 그런 동그라미가 그려진 카드 두 장을 꺼내두고 한참 바라보는 할머니가 있었다. 누가 같은 사인을 동그라미로 해둔 탓이다. 할머니가 드디어 찾아냈다.

"이게 우리 축원 카드입니다."

자기 필적을 용케 알아낸 것이다.

전혀 찾아오는 이 없는 쓸쓸한 뒷방 노장 스님의 이야기이다. 청빈하신 계룡 노스님이 입적하신 지 올해로 십 년이 가깝다.

명절날이다. 한번은 새 옷을 차려입은 가족 일행이 노장님을 방문하였다. 알고 보니 인근 마을에 사는 친척 조카 일행이다. 늘 이렇게 노장 스님의 방 앞은 적막강산이었다.

어떤 노스님들은 명절과 생신 전날에 가만히 혼자 사라져버리신다. 번다한 것이 싫어서이다.

혹은 조용히 시자에게 말한다.

"이번에는 일주일을 조용히 토굴에서 지내고 오마."

그리고 배웅을 받고 큰절 염화실에서 혼자 떠난다. 누가 따라나설 양이면 강력히 말린다. 혼자 걸망 하나로 사라진다.

밤이다. 다시 염화실로 들어와 문을 걸어 잠그고 단식 정진 일주일. 물론 신은 방안에 넣어둔다. 일주일이 지나면 방문을 열고 마치 먼 길에서 지쳐 돌아온 것처럼 보이신다. 곡성 성륜사 청화 淸華 큰 스님의 이야기이다.

명절날에 한 노스님은 물건이나 돈을 다른 사람에게 건네주려다가, 누가 인사말을 한다.

"괜찮습니다, 스님!"

이때 노스님이 주려던 것을 그만 거두고 만다.

"괜찮아?"

한번은 노스님에게 나도 그런 일을 겪었다. 무얼 주려다 말고 그만 다시 서랍 안에 집어넣는 것이다. 산중 스님들은 대개가 번다한 것을 싫어하고 네, 혹은 아니요, 하는 것을 좋아한다. 여러 말을 복잡하게 하면 성질 급한 스님이 말한다.

"똑 잘라 말해라!"

녹차 라면

20년 노하우가 있는 라면 전문점 주방 아저씨의 조언 세 가지가 있다.

첫째, 1인분 기준으로 라면 물 양은 500cc이다.

둘째, 끓이는 시간은 2분 30초에서 50초 사이이다.

셋째, 불길이 강할수록 좋아서 양은 냄비가 적격이다.

이상 세 가지를 잘 지키면 동네에서 라면 잘 끓이는 사람과 요리 시합을 해도 거뜬히 이길 수가 있는 비결이다.

녹차가 음식 어디에나 들어가는 이즈음, 녹차 라면을 시도해 보았는데 결과는 성공이다.

라면의 원조는 중국으로 생각한다. 중국의 면발이 세계 각국으로 건너가서 히트를 친 것으로, 이탈리아에서는 스파게티, 한국에서는 짜장면, 일본에서는 라면이 선풍적 인기를 누리고 있는 것이다.

라면의 상품화는 대략 1958년경부터인데, 일본의 라면 개발에는 2가지 설이 있다.

하나는 라면이 중국의 건면이 원조라는 설이다.

중일 전쟁 당시, 일본 관동군이 중국군 포로를 잡았을 때였다. 포로의 가방에서 나온 것이, 보관하기 좋도록 국수를 튀겨 말린 라미엔인데, 이것은 중국 사람의 전쟁 비상식량 건면이다.

종전終戰 후였다. 건면을 식용유지로 튀겨서 포장하고 따로 수프를 개발하였다는 설이다.

다른 하나는 일본에서 안등백복安藤百福이라는 사람이 만들었다는 설이다. 그는 면을 기름으로 튀기는 것을 보고 라면을 만들었다는데 모두들 그렇게 알고 있다.

기름에 튀겨 만든 유탕면은 라면의 기름이 문제이다. 지방이 많아 120g당 500kcal의 열량을 내는 고高칼로리 식품이다.

지난날에 라면 업계에서는 2~3등급 우지(牛脂, 쇠기름)를 사용했으나, 지금은 업체마다 조금씩 다르나 대체로 우지牛脂, 돈지(豚脂, 돼지기름)와 팜유 기름(야자의 과육에서 짜낸 기름)를 1:1의 비율로 섞어 사용한다고 한다. 우지가 갖고 있는 문제점은 콜레스테롤 함량이 높다는 점이다

이런 라면의 기름을 없애는 조리방법에 두어 가지가 있다.

준비할 녹차의 양은 티스푼으로 한 스푼 정도이다. 녹차를 고를 때에는 먹다가 시간이 좀 지나 맛이 떨어진 녹차를 쓰는 편이 경제적이다. 다도에서 마시는 고급 녹차를 쓰기에는 좀 아깝다.

다음은 조리 방법이다.

라면을 끓인다. 익히는 정도는 70%가 적당하다.

70% 익힌 라면을 채에 걸러 헹군다. 뜨거운 물이 준비되어 있으면 더 잘 씻긴다.

다시 라면을 펄펄 끓는 물에 넣어 끓이면서 녹차와 스프를 넣는다. 이때 김치나 떡국을 가미해서 끓여도 맛이 좋다. 라면을 먹기

전에 김을 비벼서 넣는다.

젓가락은 쇠 젓가락보다 대나무 젓가락이나 나무젓가락을 선호한다. 면발이 잘 집히면서 입에 감칠맛을 더해준다.

마지막 뜨거운 차를 마신다. 노스님들로부터 전해들은 이야기로, 면류를 먹은 뒤에는 반드시 뜨거운 차가 제격인데 소화에도 도움을 준다.

다음은 다른 사람의 라면 기름을 없애는 방법이다.

면을 따로 삶아내서 기름기를 뺀 다음에 찬물에 헹궈서 면발을 쫄깃하게 만들고 가루 녹차를 약간 넣어 버문다.

스프를 끓인 국물에 다시 삶은 면을 넣는다.

그리고 기호에 따라 잘게 썬 김치, 마늘, 파, 청양고추, 고춧가루, 김, 삶은 계란 등을 넣는다. 기름기가 없어서 느끼하지 않고 담백하며 깔끔한 맛이 그만이다.

수제비 예찬

밀가루의 특성은 다음 세 가지이다.
첫째, 고온에 쫄깃하고
둘째, 한냉에 찰지고
셋째, 염분기에 맛이 좋다.

우스개 이야기로, 수제비나 우동 가락을 손으로 뽑는 요리사는 여름철과 겨울철에 대우를 받고 봄철과 가을에는 천대를 받는다는 말이 나올 정도이다. 왜 그런가 하면 밀가루 성능이 여름과 겨울에 잘 받기 때문이다. 이런 세심한 주방장은 인사이동에서 봄 가을을 피해 간다는 이야기를 들었다.

주인은 꾸짖는다.

"아니, 저 정도 밖에 요리 실력이 없어?"

봄 가을 어중간한 날씨 앞에는 제법 잘하는 주방장이라도 우동 가락이 끊어져 질질 흐르는 경우가 있다.

이제 본격적으로 수제비 실습에 들어간다.

소금물만으로 수제비 국물을 만든다고 하면 갸우뚱 할 것이나 가능하다는 점을 보여주고 싶다.

소금물을 높은 온도에서 15분쯤 팔팔 끓이는 게 비결. 그러기 위해서는 다도에서 쓰는 좋은 물을 쓰고 정제된 천일염을 쓰면 좋다.

이때 주의 할 점은 물을 아주 적게 팔팔 끓인다. 눋지 않을 정도면 된다. 끓는 물이 약 반 가량 쫄아들 것을 생각해서 냄비에 물을 붓는다.

비결은 이것이다. 높은 온도에서 끓는 소금물 맛은 차츰 거친 맛이 사라지고 아주 부드러워진다. 여기에 두 가지가 있다.

첫째, 수제비의 맑은 장국을 원하면 그냥 쓴다.

둘째, 수제비의 흐린 장국을 원하면 조선간장과 왜간장 등을 가미한다. 김치, 된장을 넣으면 김치 수제비가 될 것이고 된장을 넣으면 된장 수제비가 될 것이다.

마을에서 하는 조리 방법으로는 육류 등을 쓴다. 조개, 바지락, 멸치 등을 넣고, 조채로는 다시마, 무우, 감자, 호박, 오이, 통들깨 등을 쓴다.

뭐니 뭐니 해도 수제비에서는 반죽이 중요하다. 수제비는 찰지게 잘 된 반죽이 아니면 실패이다.

초보자를 위해 좀 지루한 설명을 계속한다.

밀가루에는 먼저 물을 조금씩 붓고 이긴다. 어느 정도 물과 밀가루가 어우러지면 물을 붓는 방법을 그만 하고 손에 물을 조금씩 적셔 가면서 반죽한다. 이렇게 해야 아주 적당한 반죽이 된다. 물을 끝까지 붓는 일을 멈추기를 꼭 당부한다.

대강 반죽한다. 나머지 반죽은 냉장고가 잘해 준다. 5인분을 기준으로 냉동고에는 15분에서 30분 정도이고 냉장고에서는 30분에서 40분 정도면 충분하다. 반죽을 비닐로 싸서 적당한 시간만큼

차게 넣어두면 찰진 반죽이 저절로 된다.

주의 깊은 사람은 중간에 한차례 냉동고나 냉장고 안에서 꺼내 가볍게 반죽을 쳐대는 과정을 거쳐 다시 넣어둔다.

자, 이제는 끓는 물에 떼어 넣는 일과 먹는 일만 남았다.

처음 소금을 끓인 물에는 더운 물을 가미해서 적당한 양을 맞춘다. 팔팔 끓는 물 위에 찰진 밀가루 반죽을 빨리 떼어 넣는 일이 또 중요하다. 동작이 느리면 먼저 것은 익어 퍼지고 나중 것은 덜 익는 일이 생긴다.

손에 물을 발라가며 반죽을 날렵하게 떼어 넣는다. 이때 열 손가락을 다 쓴다. 수제비 떼어 넣을 때에는 열 손가락이 다 움직여야 한다. 이러기 위해서는 평소에 밀가루나 진흙으로 떼어 넣는 연습을 해둔다.

이상 수제비를 말로 했는데 맛이 어떨까?

감자 가루를 밀가루에 3분의 1만 넣어 반죽하면 더욱 쫄깃한 맛이 살아난다. 여기에 들깨 물을 준비해서 수제비를 푸기 직전에 조금 끼얹어 먹으면 별미이다. 365일 먹어도 잘 질리지 않은 서민적인 전통음식으로 수제비를 꼽고 싶다.

절 음식 김장

절에서 밥을 먹으면 특히 옛 법도를 지키는 전통 사찰이면 다 맛있다는 말들을 한다.

소금과 고춧가루만으로 버물린 신선한 청정 채소이기 때문이다.

다도법茶道法에서나 발우공양법鉢盂供養法에서나 청정하고 고요하고 위의가 있어야 한다는 삼덕三德은 같다.

이처럼 이 세상에서 가장 멋진 공양이라면 스님들의 발우공양일 것이다. 발우 공양에 익숙한 사람은 말한다.

"이상하게 발우공양으로 하면 밥맛이 더 좋아요."

오늘은 절 김장을 하는 날이다.

석달 동안 함께 가꾼 배추를 다듬고 절이면서 여러가지 생각이 들어서 몇 자 적는다.

큰절에서 어느 노스님이 한 말씀이 생각난다.

"음식은 성깔 있는 사람이 잘한다."

그 후로 공양주 보살님들을 보니 맞는 말 같다. 성깔이 없이 순한 보살님보다는 성깔이 좀 있는 보살님의 음식 맛이 낫다. 음식은 매울 때 맵고 짤 때 짜고 해야 제격이듯이 성깔도 때로는 맵고 짠 탓일까.

음식은 정성이다.

정성이 담긴 음식은 그만큼 맛이 좋다. 시간을 들이고 정성을 들어서 올린 공양물이 금방 눈에 띈다. 그래서 말한다.

"음식을 만드는 사람의 위는 비어 있어야 한다."

배부른 요리사는 별로이고 배가 고픈 요리사가 잘한다.

음식을 잘 만드는 사람은 음식의 양과 시간을 제 때에 맞춰 적당히 한다. 어떤 때는 많이 하고 어떤 때는 적게 하는 건 숙련자의 일이 아니다. 또 시간을 못 맞추어서 늦게 하는 것도 아직 서투른 사람이다.

음식의 맛을 내는 데에는 대개 뜨거운 불길이 좋다. 예를 들면, 라면의 경우 얕은 불길이나 보통 불길에서 익히면 별로이고 아주 센 불길에서 익힌 라면이라야 면발이 살아나고 깊은 맛이 난다.

참고로, 절에서 만드는 녹차 라면은 한번 기름기를 씻어낸 면발에 녹차를 넣고 다시 끓여 녹차 라면을 만든다.

된장국, 무우국, 미역국 등 국물도 높은 불길이라야 한다.

물론 얕은 불길에 좋은 채소만은 높은 불길에서 요리하는 것을 피해야 한다. 영양소가 파괴되니 주의해야 한다.

그리고 또 한가지는 음식의 궁합이다. 이것저것 다 넣는다고 좋은 것이 아니다. 예를 들면, 당근과 오이는 함께 쓰면 별로이다. 함께 쓰면 오이 성분만 남고 당근 효과가 사라지기 때문에 주의할 일이다.

토란은 쌀가루와 어울린다. 쌀가루는 토란의 싸한 독한 기운을 중화시켜주는 역할을 한다. 그래서 남쪽지방에서는 하루정도 쌀 뜨물에 토란을 담겨두었다가 쓴다.

토란 찌게나 토란국은 미리 한두 시간 전에 쌀가루를 넣어 끓여두면 싸한 독한 기운이 사라진다. 이게 요령이다. 마지막으로 불길을 끈 다음 들깨가루나 들깨 물을 끼얹는다. 별미의 들깨 향기가 살아난다.

공양게供養偈 가운데 오관게五觀偈를 외워본다.

이 음식이 어디서 왔는고
내 덕행으로는 받기가 부끄럽네
마음에 온갖 욕심 버리고
몸을 지탱하는 약으로 알아
도업을 이루고자 이 공양을 받습니다.

농사일에는 많이 서투르다. 그러나 농작물을 귀하게 여기는 것은 가꾸고 손질한 만큼이나 자식처럼 느낀다.

창고에 들어가 보면 저장한 농작물이 보기에 좋다. 고구마, 호박, 배추, 토란 등이 널려있다. 김장도 배추, 무우, 고춧가루 등 모두가 자급자족이다.

무말랭이는 아주 잘 되었다. 흰 빛이 도는 무말랭이가 소쿠리로 가득 차있다. 무청도 풍족하다. 이만하면 한 겨울 양식으로 충분하네.

이제 겨울 눈아, 펄펄 내려라.

무 구덩이와 무말랭이

올해 아란야 터밭의 무 농사가 풍년.

무는 어른 팔뚝 정도 이상이고 배추도 50일 가뭄에도 제대로 자랐다. 무, 배추가 각기 120포기 정도이다. 절반가량은 김장용으로 쓰고 나머지는 갈무리해 봄에 먹도록 할 것이다.

땅속에 월동 무를 보관하는 전통 방식이 있다. 겨울철에 무, 배추, 감자를 얼지 않도록 땅속에 얕게 저장하는 무 구덩이가 필요하다. 무 같은 경우 땅에 묻어서 보관 하는 방법은 직경 1m, 깊이 1.5m 정도 되는 구덩이를 몇 개 판다. 땅에 묻을 때에는 무를 담은 큰 자루 채 넣기도 한다. 보통은 무 주위를 짚으로 감싼다. 마지막으로 흙을 소복이 덮는다.

배추, 무 등은 알칼리성 식품으로 체액을 알칼리성으로 유지시키는 역할을 한다. 특히 무청은 영양가가 매우 높아 단백질의 약 60%는 순 단백질로서 라이신 함유량이 높은 우량 단백질이다.

요리를 하는 과정에서 무말랭이가 무 보다 영양가가 높다.

가을볕에 말리는 것이 제일 맛있어 11월이 적기라고 할 수 있다. 좋은 볕에 바람, 공기가 잘 통한 곳이 좋다.

그리하여 공기가 잘 통하는 채반을 이용하거나 실에 꿰어서 말리기도 한다. 무말랭이는 얇게 썰어 말려야 잘 마를 뿐만 아니라 조리했을 때 쫄깃해서 더 맛있다.

무를 크게는 가로 3cm 세로 5mm 혹은 작게는 가로1cm 세로

5cm로 하고 두께는 3~4㎜로 썬다.

큰 그릇에 물, 소금 농도 1~2%, 설탕을 약간씩 넣어 살짝 절여서 짭짤하고 달콤한 맛이 나게 한다.

썬 무를 물에 넣어 하룻밤 절여 놓았다 물기를 짜버리고 그늘에서 하루 이틀 시들게 한 다음 햇볕에 말린다.

이제 무말랭이를 무치는 방법이다.

양념도 중요하지만 무엇보다 무우 맛이 좋아야 한다.

일단 무를 2시간 정도 물에 불린 후 꼭 짠다. 불린 무를 간장에 잰다. 이 점은 생략해도 무방하다. 살짝 잰 무말랭이에 고춧가루 많다 싶게 넣는다. 무말랭이 3컵당 1/2컵 정도이다.

설탕 2~3스푼, 입맛에 따라 조절한다. 참기름 2스푼 등을 넣고 잘 섞은 후 깨소금을 뿌려 하루쯤 두었다 먹는다.

무말랭이만 하기가 심심하면 고추 잎을 데쳐서 넣으면 좋다. 양이 많으면 김치처럼 담가서 두고두고 먹는다.

김치로 담을 때에는 찹쌀가루 1/2컵 정도로 찹쌀 풀을 쑤어 추가로 넣고 생강도 좀 넣어 버무려 주면된다.

참고로, 물엿이 설탕보다 윤기도 있고 좋다. 밑반찬으로 많은 양을 무쳐놓고 입맛이 없을 때마다 찬물에 밥을 말아 밥에 얹어서 먹는다. 양념을 질척하게 하는 것 잊지 않는다.

이상 여기저기서 보고 들은 자료를 정리 한다.

한여름 밤의 연차 모임

여태 한여름 밤의 연차 모임이란 말은 들어본 적이 없다. 한 폭의 그림 같은 장면이 있어, 연차 모임이라고 불렀는가 생각하였다.

헌데 그런 연차 모임이 우리 곁에 나타났다. 며칠 전의 일이다. 연차 향기를 마시는 시간이었다. 시원한 바람이 부는 데에 돗자리를 두어 장 펴고 10여 명이 뼁 둘러 앉아 표주박으로 떠마셨다.

다들 마셔도 마셔도 싫증이 나지 않은 듯 했다. 묵묵히 마시고 마실 뿐이었다. 화경청적 和敬淸寂!

아주 멋진 밤이었다. 이 가운데 옴박지에 떠있는 흰 연꽃이 일품이었다. 거처를 아란야로 온 것은 잘 한 일이다. 이곳에 와서는 오래 전부터 해온 버릇인 노천 냉탕 목욕 대신 새벽녘에 석간수 써늘한 물로 몸을 적시는 즐거움이 늘었다.

다시 이야기는 한여름 밤에 연차를 마신 멋진 밤으로 돌린다.

어떻게 이뤄졌을까. 연꽃은 스님 한분이 아주 멀지 않은 절 연밭에서 꺾어와 불단에 공양 하였다.

잘 핀 백련 세 송이. 시원한 연차. 향기로운 연차.

3박자가 잘 맞았으니 분위기가 첫째이고 모인 사람이 둘째이고 차 도구가 셋째이다.

첫째, 분위기는 여름 저녁을 먹은 뒤 연차 모임을 갖기 알맞은 시간이었다. 바람이 길에서 안쪽으로 분다. 시원한 바람 한줄기가 지날 때마다 바람의 고마움을 안다.

둘째, 모인 사람 10여 명이 다 유쾌하게 차를 마신다. 동서남북에서 각기 모였다. 평택에서 모자가 왔고 아산만 고찰을 참배하면서 연꽃을 가져온 일행, 토요 참선회 회원, 청년불교 우리사랑 동우회 회원 등, 다같이 즐거운 모임이다.

셋째, 그런대로 격에 어울린 차 도구이다. 시원한 청정수, 옴박지, 활짝 핀 연꽃, 표주박, 녹차 다완 등 한 세트에 신선이 내려와 차 마시는 자리 같다.

지칠 줄 모르고 마신다. 옴박지에 연차가 바닥날 쯤이면 찬 우물물을 퍼와 옴박지 연꽃 위에 붓고 떠 마신다.

밤이 깊어간다. 모기 쫓는 부채질은 한 손이 하고 연차 뜨는 표주박 일은 다른 한 손이 한다. 시원한 연차 향기에 무르익은 분위기를 깨고 싶지 않아서인가. 한 시간 가까이 지나서야 겨우 자리를 털고 일어난다. 아쉽지만 길 떠날 채비를 한다.

밖은 비가 오고 있었다. 평상에서 수제비를 먹고 그릇을 다 씻을 무렵부터 내리기 시작한 비다.

연차 모임이 끝날 때쯤에 절 건너편 마을 한 청년은 좌복을 싸들고 좌선을 하러 왔다.

마셔도 싫증나지 않은 연차. 지금 이 글을 쓰면서도 연차 향기를 느낄 정도이다. 기억나는 것은 밝은 표정으로 연차를 떠 마시는 모습들이다. 법당에 들어서도 입안에서는 연차 향기다.

한여름 밤은 이렇게 깊어간다.

단오 사찰 음식 연잎밥

연꽃을 좋아하는 사람은 연잎밥도 즐겨 먹는다.

산승은 중국 여행 중에 연잎밥을 맛있게 먹은 적이 있다. 한자로는 하엽반荷葉飯이다. 시장 사람들에게 물어보니, 연잎밥의 유래는 고대 시인 굴원의 영혼을 위로하는 제삿밥에서 시작한 것이라고 하였다.

이와 다른 연입밥의 기원으로 연잎밥의 진태선의 설이 있다.

남북조 시대(420~589)였다.

문화면으로는 유교보다 불교 도교道敎가 융성하였다. 불교는 남조에서 불법을 존숭하는 황제까지 나타났고, 북조에서는 불교국가 성격이 강하여 운강雲崗, 용문龍門석굴과 맥적산麥積山석굴 등과 같은 대대적인 불사佛事가 이뤄졌다.

남조의 진陳나라가 건국될 당시의 이야기이다.

회계 태수 진태선이 이끄는 군대가 전투중 양식이 바닥나 위기에 몰려 있었다. 이곳은 연꽃이 많이 자라는 지방이었다.

이때 성안의 사람들은 다투어 연잎밥을 만들어서 군인들의 양식으로 던져 주었다. 진태선이 그만큼 민중의 마음을 얻은 지도자였기 때문이다. 이에 힘입은 군대는 승리하고 진태선은 진나라를 세워 태조가 되었다. 이후 진나라 사람들은 개국의 기쁨을 생각하고 연잎밥을 만들어 먹었다는 것이다.

사찰 연잎밥은 찹쌀에 약밥을 하듯이 팥, 대추, 잣, 은행, 버섯,

곶감 등을 넣는다. 그러나 마을에서는 버섯, 죽순, 채소, 혹은 전복이나 새우, 육류 같은 것을 더 넣는다.

찹쌀은 두차례 찐다.

처음 찐 찰밥에 약식용 조채를 섞어 넣는다. 이때 미리 데쳐놓은 연잎에 얹어 모양 있게 싸서 실이나 풀잎으로 묶는다. 납작한 주먹밥이다.

연잎밥은 소금기가 있고 찹쌀의 찰기에 연잎의 향이 배어있어서 반찬 없이도 먹음직하다.

그리고 옛날 먼길을 떠나는 나그네 도시락을 연잎으로 밥을 싸가면 밥이 잘 쉬지 않는다고 한다. 옛사람의 지혜이다.

산승의 경험으로, 연잎밥을 간편하게 짓는 방법이 있다. 찰밥을 짓는 솥 안에 연잎을 송송 썰어서 함께 넣어 짓는 방법이다. 사찰 음식으로 자주 연잎밥의 맛을 즐기는 사람에게 안성맞춤이다.

시장 사람들이 말하는 연잎밥의 굴원(屈原, BC 343 ~ BC 278) 설을 살펴본다.

애국 시인 굴원은 전국 시대에 초나라의 귀족이었다. 학식이 뛰어나 초나라 회왕懷王의 좌도(左徒, 左相)의 중책을 맡아 내정 외교에서 활약하기도 했다. 법령입안法令立案 때 궁정의 정적政敵들과 충돌하여, 중상모략으로 국왕 곁에서 멀어졌다.

그는 제齊나라와 동맹하고 강국인 진秦나라에 대항해야 한다는 합종파合縱派였으나 뜻을 이루지 못하였다. 반대로 왕은 제나라와 단교를 하였다.

제나라에 사신으로 가 있던 굴원이 귀국하였을 때, 왕이 진나라에서 객사客死하였다. 왕의 뒤를 이어 장남 경양왕頃襄王이 즉위하고 막내 자란子蘭이 영윤(令尹, 재상)이 되었다.

자란은 아버지를 객사하게 한 장본인이었다. 굴원은 자란을 책하다가 또다시 양자강 이남 소택지로 추방되었다. 어부사漁父詞 시는 이때 쓴 걸작이다.

목숨을 아끼지 않고 바른 말을 한 애국 시인 굴원이 귀양살이를 하고 있을 때였다.

초나라가 진나라에 망했다는 소식을 듣고 굴원은 후세 청정한 모범이 되기 위해 멱라강汨羅江에 뛰어 들어 죽었다. 굴원이 강물에 몸을 던진 날이 바로 기원전 278년 음력 5월 5일이다. 중국 사람들은 애국시인 굴원을 추모하기 위해서 음력 5월 5일 단오절에 연잎밥을 해서 먹고 강물에 던지는 풍속이 생겼다고 한다.

찹쌀을 넣은 대통이나 고기를 섞은 찰밥을 연잎이나 창포로 싸서 쪄먹는다.

강에 연잎밥을 던지는 것은 물고기에게 먹이를 주어 굴원이 물고기의 밥이 되는 것을 방지하려는 의미였다.

우리나라에서도 음력 5월 5일 단옷날에 비슷한 풍습이 있다.

연꽃, 그 청초한 아름다움

연꽃은 불교의 꽃이고, 인도의 국화이다.

연꽃을 사랑하는 시 애련설愛蓮說을 소개한다. 중국 북송 때의 주돈이(周敦頤, 주렴계 1017~1073)가 지었다.

　　나는 유독, 진흙에서 나왔으나 더러움에 물들지 않고
　　맑고 출렁이는 물에 씻겼어도 요염하지 않으며
　　속은 비었지만 밖으로 곧으며
　　덩굴은 뻗지 않고 가지를 치지 않으며
　　향기는 멀수록 더욱 맑고
　　꼿꼿하고 깨끗하게 서 있어 멀리서 볼 수는 있으나
　　함부로 가지고 놀 수 없는 연꽃을 사랑한다
　　내가 말하건대, 국화는 꽃 중에 세속을 피해 사는 자요
　　모란은 꽃 중에 부귀한 자요
　　연꽃은 꽃 중에 군자다운 자 연화 보살이라 할만하다
　　아! 국화 사랑에는 도연명 시인 이후로 들어본 일이 드물다
　　연꽃 사랑에는 나와 함께 할 사람이 몇이나 될까?
　　모란 사랑에는 아주 많은 사람들이 있을 터이지만.

연꽃 이야기 두어 가지가 있다.

첫째, 변질되어가는 쌀을 깨끗하게 만든 연차 이야기이다.

삼년 전 백중절 무렵에 서울 법련사 공양간에서 생긴 일이다.

공양주가 대중이 많이 올 줄 알고 물에 쌀을 많이 담가 두었다.

헌데 백중절을 지내고 나서 쌀이 반 이상 남았다.

하루 지나 쌀이 냄새가 나기 시작하였다.

색깔도 변질 되었다. 공양주가 울상이다.

"이 일을 어쩌지요? 물에 담근 쌀이 변해가고 있어요."

이 이야기를 전해들은 한 보살님이 내가 준 연차를 가져다가 쌀 물에 담그었다. 연잎차를 마시면 몸에 해독소를 없앤다는 말을 듣고 시험해 보려는 것이다.

신기하게도 하룻밤 지난 쌀이 다시 제 모습을 찾았다. 밥을 해 먹어도 오히려 밥맛이 좋았다. 보살님이 말한다.

"스님, 연잎차 서너 봉지를 물에 담가 두었어요. 우리 몸에 정화를 하듯이 변질된 쌀도 정화시키는 모양이지요."

연꽃은 잎에서부터 뿌리까지 모두 버릴 데가 없다.

꽃은 연꽃차, 잎은 연잎차, 뿌리는 뿌리대로 식용, 약용으로 쓰도록 하여, 모두를 보시하기에 연꽃은 가히 연화 보살이라 할 만하다.

둘째, 물도 정화되고 바람도 정화된다는 이야기이다.

송광사 앞 연꽃 방죽이 언제 만들어 졌는가. 벼논을 연못으로 바꾼 것은 4년 전의 일이다. 해가 갈수록 면적도 늘어가고 연꽃 종류도 다양해진다. 봄에는 벚꽃이 길 양쪽으로 아름다운데 이제 여름에는 연꽃 방죽이 새로운 명소이다.

송광사 주지 스님이 농업을 전문으로 학문한 사람인 까닭에 그렇게 시행한 것이다.

우선 크지 않은 층계 논이지만 진흙으로 물 샐 틈을 메우고 연꽃 종근을 심었다. 해마다 더 넓혀서 심어서 이제는 꽤 큰 연꽃 축제를 할만하다.

우리 아란야 뜰에도 몇 뿌리의 연을 늦게나마 심었다. 수련과 백련, 그리고 홍련 등이다. 아산의 백련지와 예산의 혜민 노스님의 연 밭에서 구한 종근이다.

왜 그토록 애써서 연꽃을 심는가.

절에서는 보살의 근본을 나타내기 위해서이다.

　더러움에 처했어도 항상 청정하다.　　處染常淨

연꽃 방죽을 지나는 것들은 다 정화가 된다. 밑으로 흐르는 물이 정화되고 위로 지나는 바람이 정화되고 연꽃을 보는 사람 마음이 정화된다.

부처님의 가르침을 통해 중생의 삼독심이 정화되는 이치인가.

연꽃 같은 청순한 모습

법정 스님은 이런 분이시다. 연꽃 같이 청순한 모습이다.

지난날에 조계산 불일암 시자 시절 이야기.

"묵 수좌, 여기 봐!"

초여름 밤이었다. 스님이 손전등으로 가리키신 곳은 창포가 핀 수렁이다. 초록 꽃대가 곧게 올라 싱싱하다. 스님은 소년처럼 손전등으로 비춰 보며 신기한 듯이 찬찬히 들여다본다.

그냥 낮에 본 것보다 더 아름답다. 정말 손전등으로 비춰보는 꽃은 신기하리만큼 아름답다. 산승이 스님이 멋있는 분이라는 생각을 다시 갖게 되었다.

그 뒤로 간혹 손전등으로 꽃구경을 하는 습관이 산승에게도 생겼다.

그런데 웬 변이랴! 마을에서 소먹이 꼴을 베러 온 사람이 무자비하게 싹둑 잘라가 버린 게 아닌가.

"아, 사람이 눈이 있으면 보고 알 텐데. 꽃을 풀 베듯이 몽땅 베어 가는 사람이 어디 있어?"

꽃을 베 간 사람이 곁에 있다면 크게 호통을 칠 기세이다.

스님은 몇날 며칠 동안 공양 식사를 잘 하시지 못했다. 면도날처럼 여린 마음이 아파서 그런 것이다.

한번은 차를 마시면서 스님이 시를 읊었다. 산승은 열린 창문으로 조계산 자락을 내다보며 느릿느릿 읊는 스님의 소리가 아름다운 음악처럼 들렸다. 이때 신선이 따로 없고 신선을 노래하는 사람이 신선이라는 생각이 들었다.

그 무렵에 스님이 즐겨 읊는 칠완다가七碗茶歌는 당唐나라의 시인 노동盧同이 지은 차에 관한 유명한 시이다.

一碗 喉吻潤
일 완 후 문 윤
차 한 잔에 목과 입술을 축인다.

兩碗 破孤悶
이 완 파 고 민
차 두 잔에 고독과 번민을 씻는다.

三碗 搜枯腸 惟有文字 五千卷
삼 완 수 고 장 유 유 문 자 오 천 권
차 세 잔에 마른 창자를 뒤진다. 글자가 무려 오천 권 분량이다.

四碗 發輕汗 平生不平事 盡向毛孔散
사 완 발 경 한 평 생 불 평 사 진 향 모 공 산
차 네 잔에 가벼운 땀이 솟아 평소 불평스러운 일들이 모두 털구멍, 땀구멍으로 사라진다.

五碗 肌骨淸
오 완 기 골 청
차 다섯 잔에 살과 뼈가 맑아진다.

六碗 通仙靈
육 완 통 신 령
차 여섯 잔에 신령스러움과 통한다.

七碗 喫不得 唯覺兩腋 習習淸風生
칠 완 끽 부 득 유 각 양 액 습 습 청 풍 생
차 일곱 잔에 아직 마시지도 않았어도 두 겨드랑이에 맑은 바람이 솔솔 일어나는 것을 느낀다.

봉래산이 어디 있는가. 이 맑음을 타고 돌아가고 싶구나.

연꽃의 아름다운 특성 열 가지

연꽃처럼 아름답게 사는 사람이 불자.

부귀를 상징하는 모란이 화중지왕花中之王이라면 청정을 상징하는 연꽃은 화중지불花中之佛이다.

열 가지 아름다운 특성이다.

1. 이제염오離諸染汚

더러움에 물듦을 멀리한다는 뜻.

더러운 진흙 속에 자라면서 더러움에 물들지 않듯이 불자는 악한 세상에 살면서 악에 물들지 않는다.

2. 불여악구不與惡俱

악한 사람과 함께 하지 않는다는 뜻.

연잎 위에는 한방울의 더러운 물도 오래 머물지 않듯이 불자는 속된 사람과 오래 친구 하지 않는다.

3. 계향충만戒香充滿

계행의 향기가 충만하다는 뜻.

연못 물속의 시궁창 냄새가 사라지듯이 불자의 계행이 혼탁한 세상을 향기롭게 한다.

4. 본체청정 本體淸淨
본래 청정함 그대로라는 뜻.
변함없이 본래 청정한 모습을 유지하듯이 불자 심신은 항상 청정하다.

5. 면상희이 面相喜怡
연꽃을 바라보면 온화해지고 즐겁다는 뜻.
화려하지 않는 소박한 아름다움이 기쁨을 주듯이 불자는 화기애애한 얼굴로 남에게 기쁨을 준다.

6. 유연부삽 柔軟不澁
유연하고 부드러워 거칠지 않다는 뜻.
연꽃 줄기가 유연하고 부드럽듯이 불자는 융통성과 여유의 멋이 있다.

7. 견자개길 見者皆吉
꿈에 연꽃을 보면 길하다는 뜻.
지나다가 아름다운 연꽃을 보기만 해도 길하듯이 참된 불자를 만나본 사람은 길상스러운 일이 생긴다.

8. 개부구족開敷具足
꽃이 피면 반드시 열매를 갖춘다는 뜻.
인과가 분명하듯이 불자가 정법을 수행하여 반드시 깨달음을 이룬다.

9. 성숙청정成熟淸淨
청정한 연꽃이 활짝 피어도 역시 청정하다는 뜻.
활짝 핀 연꽃을 보다가 은연중 연꽃처럼 마음이 열리듯이
불자는 감화를 주는 성숙한 인격자이다.

10. 생이유상生已有想
연꽃은 날 때부터 특별하다는 뜻.
잎과 줄기가 처음부터 다른 식물과 다르듯이 무위법을 깨달은 불자는 애초부터 다르다.

제4장
세상 사는 이야기

왕 희 지

작년은 추사 김정희 선생의 탄생 150주년의 해.

간송 등 몇 군데 기념 전시장에 들려보고 입춘방은 추사 선생의 흉내를 내었다. 게다가 종이와 먹을 좋아하는 내 취향에 맞게 추사 선생의 난초와 춘풍 대아春風大雅 글씨를 좌우에 두고 있다.

스님 중에는 경봉鏡峰 스님 글씨를 선필禪筆로 친다.

아마 천 수백 년 전의 서성書聖 왕우군이 살아 돌아온 것이 아닌가 여겨진다.

그럼, 동진 때의 왕우군, 왕희지(王羲之, 307-365, 59세)는 어떤 인물인가. 산동성에서 귀족 집안 왕광의 아들로 태어나 아버지를 일찍 여의고 편모슬하에서 자라났다. 자는 일소逸少.

관직은 20세 때부터 시작하여 45세 때에는 우군장군회계내사의 벼슬을 하여 흔히 왕우군王右軍이라고 불렀다. 자신의 딸은 동진 황제의 황후가 되었다.

일찍 7세 때부터 용필론用筆論을 즐겨 읽으며 글씨를 잘 썼는데, 12세 때에는 역대 명필을 다 섭렵하였을 정도였다. 하루는 당대의 여류 명필 위부인衛夫人이 말하였다.

"이 아이는 필시 내 명성을 앞지를 것이요."

과연 천하 명필로 서예계 독보적인 일인자 서성書聖이 되었다.

노력의 천재였다.

영永 자 한 자를 공들여 쓰기 15년.

사람들은 그의 힘찬 필체를 이렇게 찬탄하였다.

"마치 용이 승천하는 것 같고 호랑이가 포효하는 것 같다."

왕희지는 서예 명성과는 달리 말재주가 없고, 소박한 옷차림을 즐겼다.

탄복동상坦腹東床이란 일화가 있다.

전하는 말에 따르면, 어느 날 동진의 태위(太尉, 영의정)가 사위를 물색하려고 왕씨 집안을 방문하였을 때였다. 혼기를 앞둔 사내들은 모두 정장을 하고 예의를 갖춰서 정중하게 맞이하였다.

그러나 꾸밈이 없는 왕희지는 달랐다. 평소대로 앞가슴과 배를 드러낸 채 동쪽 침상에 눕고 혹은 앉아 식사하는 모습을 보였다.

이때 태위는 사람을 보는 눈이 있었던지 있는 그대로를 보여준 왕희지를 점찍었다는 것은 그의 16세 때의 이야기이다.

글씨는 곧 그 사람이라, 명필은 꾸밈이 없어야 하는 게 첫째 조건이다. 요즘 주위를 돌아보면 치졸해 보이는 추사 선생의 글씨를 흉내 내어 쓰는 일이 나를 비롯하여 많다. 탄복동상坦腹東床 일화 같이 있는 그대로 자신을 드러내 글씨를 쓰는 일이 오히려 어렵다는 이야기이다.

이 이유는 청정한 부처님 세계를 등지고 지식으로 오염된 중생의 세계에 익숙한 까닭이다.

이 문에 들어오면	入此門內
알음알이 지식으로 헤아리지 말지니	莫存知解
시비분별이 없는 공의 그릇이라야	無解空器
큰 도를 이루니라.	大道成滿

절에서는 왕희지의 반야심경이 유명하다.

왕의 칙명으로 흥복사 회인懷仁 스님이 집자集字한 것인데 없는 글자는 변과 획을 모아서 만든 글자이다. 곁에서 도와주는 사람이 있었으나 무려 25년 만에 이룬 불사였다.

멋진 옷을 잘 차려 입지 않고 있는 그대로를 보여준 왕희지는 수행자의 조건을 갖춘 셈.

금강경에서 성류聖流의 대열에 든 수다원須陀洹이 그런 분이다.

제9장 일상一相이 곧 무상無相인 법문에 이런 말씀이 나온다.

"수보리야, 어떻게 생각하느냐? 수다원이 이런 생각을 갖겠느냐? 나는 수다원과를 얻었다."

수보리가 말씀 드렸다.

"아닙니다. 세존이시어. 무슨 까닭인가 하오면, 수다원이 성인의 대열에 들어갔다는 말이 그렇다는 뜻이지, 실제로는 들어간 적이 없으며, 색 성 향 미 촉 법에도 들어가지 않으므로 수다원이라 이름 하옵니다."

왕희지가 탄복동상坦腹東床 일화를 뒷날 자랑삼은 일에 대하여는 알려져 있지 않았으나, 구매한 인품으로 보아 소신이 있는 일을 하고 돌아서서 자랑을 일삼은 인물은 아닌 것 같다.

왕희지를 배우는 사람은 글씨뿐만 아니라 그의 인품까지 배워야 할 대목이다.

평생 써먹는 무용담

중국 성지 순례 때의 이야기이다. 처음 발 닿았던 곳이 산동반도 해변 도시 연태烟台였다. 배에서 내려 한 사내를 따라가서 처음 민박한 집은 조선 동포의 통역 아저씨 단칸방이었다.

마흔이 좀 넘은 남자는 길림성이 고향이란다. 부인과 딸이 함께 사는 단칸방에서 며칠을 민박하며 지낸 적이 있었다.

그가 말하였다.

"현다이HYUNDAI 아세요?"

"현다이라니?"

나는 처음에 무슨 말인가 싶었다.

알고 보니 우리나라 건설 회사 현대現代가 해외에 나와 있다. 한때 잘 나가던 시절 중동 지역 현대에서 보낸 적이 있는 남자이다.

여기 현대 건설 작업 현장에서 노무자로 일해본 적이 있는 몇몇 중국 사람은 큰 영광처럼 평생을 두고 무용담처럼 이야기를 하는 것이다.

민박집 길림성 남자는 하루에 세 번 정도는 현다이 건설 현장에서 현대 정장 작업복 차림으로 찍은 사진을 내보여주는데, 그때 한국의 현대 건설의 누구를 만나 밥을 먹었다는 이야기가 크나큰 낙이었다. 이야기가 많은 날은 하루에 몇 번을 더 하였다.

"아시겠어요? 제가 그때 현다이HYUNDAI에서 일할 때에는 괜찮은 시절이었단 말이지요."

이 말을 할 때에는 기가 펄펄 살아 있다. 말하는 그의 눈빛과 목소리가 갑자기 평소보다 달라진다. 그의 이야기에 식상한 사람들은 생각한다.

"또 시작 하는구나!"

길림성 남자 단칸방에는 간혹 한국에서 온 한약상과 농수산물 소매상이 보였다. 그는 새로운 나그네가 오면 기회를 타서 사진을 꺼내들고 무용담 같은 현대건설 시절의 이야기를 마구 쏟아낸다.

언제나 잊지 못할 추억이자 항상 가슴 속에 남아있는 명장면名場面 같은 인생 훈장勳章인 셈이다.

당시 길림성 남자는 누구와 밥을 먹은 게 또 하나의 영광이다. 이야기를 들어보면 밥을 같이 먹었다는 사람은 별 대단한 인물이 아니고 그냥 무슨 부장이라고 한다. 두 남자의 사진이 사람들 앞에 놓여 있다.

"한번은 현다이 높은 분과 밥을 먹었어요. 현다이 아주 높은 사람이지요."

또 다른 이야기.

어깨에 박힌 총알을 스스로 뽑아낸 한 시골 남자의 영웅담인데 6.25 뒤의 이야기이다.

가을밤, 벼가 누렇게 익은 논 가운데 선 외딴 주막에서 일이 벌어졌다. 6.25 이후 곳곳에서 빨치산이 출몰하여 피해를 주고 있던 때였다. 남자의 이야기는 홀연 빨치산을 만나는 데서 시작한다.

　주막에 술을 한잔 하러 들렀다가 봉변을 당한 것이다. 주막 안은 산에서 굶주린 빨치산이 한발 전에 미리 와 점령하고 있는 상태였다.

　그가 눈치 빠르게 주막 분위기를 보고 빠져나왔으나 그때는 이미 빨치산이 쏜 총에 맞은 상태였다. 총상은 어깨였다.

　그는 피를 흘리고 마을로 돌아와 곧 칼끝으로 총알을 파냈다.

　무용담이 여기서 재미있다.

　많은 빨치산이 있었는데 그들을 피해 도망쳐온 아슬아슬한 이야기는 대단하다. 더구나 어깨에 박힌 총알을 칼끝으로 파낸 대목이다. 칼날을 소독하기 위해 불에 달구었고, 스스로 어깨 총알을 파내고 약을 바르고 붕대로 감았다는 엽기적인 이야기이다.

　겁이 없는 사내의 이야기는 평생 훈장이다.

　이 이야기를 취중에 하든지 멀쩡한 정신으로 하든지 그의 자부심은 대단하다.

　"그때 그 총알을 칼끝으로 파냈는데....."

　이 대목에서 목소리가 한 옥타브 위인데 마지막에는 최고음에 오른다.

불문佛門에서도 비슷한 경우를 본다.

한 사람은 삼천 배를 많이 한 적이 있는 사람이고, 다른 사람은 오천 배를 21일 동안 한 적이 있는 대단한 사람이다. 이들 주위에서는 신심이 대단히 깊은 사람이라고 칭찬이 자자하다.

이야기는 언제 어느 절에서 어느 큰 스님의 가르침을 받고 절을 했다는 내용이다. 무협지에 나오는 무용담 같은 이야기이다.

무용담처럼 평생을 두고 이야기 하는 사람들에게는 공통점이 있다.

첫째, 상相에 깊이 빠져 있다.

상相을 버리는 게 현인이나 성인의 덕德이나, 보통은 좋은 일을 하고도 끝내 상相에 집착한다.

둘째, 다른 자랑거리가 없다.

보통 사람 보다 특수한 경험을 한 사람이 우쭐대는 것은 더 큰 자랑 거리가 없기 때문이다.

아뇩다라삼먁삼보리는 얻음도 없고 설함도 없다는 게 금강경의 정신이다. 넉넉한 마음으로 마음의 문을 연 사람의 경우, 스스로 자랑하지 않고 다만 수행할 뿐이어서, 존경과 칭찬을 한 몸에 받는 성자聖者 대열에 오른다.

목조각가 외팔 남자

언제부터인지 모르나 외팔 남자는 덕수궁 대한문 부근에서 자리 잡고 있었다. 무우수無右手라는 호는 자호自號일까. 목각품 말미마다 서명하듯 무우수 세 자를 새겨놓고 있다.

돌담에 기대어놓은 목조각품이 팔리는지 안 팔리는지 모른다. 그저 작업대에 매달려 왼팔로 끊임없이 작업을 계속한다.

어디서 사는 남자일까. 왜 오른팔이 없을까. 십여 년 전에 수인사를 나눈 일이 있으나 이런 것은 묻지 못했다. 그냥 지나치다가 그의 작업하는 모습을 보는 게 전부. 요즘은 석유난로를 작업대 안에 놓고 몸을 녹여가며 조각일을 하고 있다.

힘들게 오른손에 매달린 망치로 왼손에 들린 칼날 등을 친다.

오른손이 본래 없지는 않았을 것이다. 지금은 팔목 아래가 없다. 여기에 작은 망치를 매달고 작업한다.

"탁탁 탁탁탁."

망치로 칠 때마다 한 꺼풀씩 나무 조각이 떨어져 나간다.

온종일 남자는 이렇게 시간을 보낸다. 추우나 더우나 십여 년을 하였으니 무던한 사람이다. 나이는 한 40대에 들어선 중년 남자이다. 무척 양순한 말씨에서 그의 성품이 느껴진다. 키가 중간이나 강해 보인다. 얼굴은 둥글다기보다는 각이진 편이다.

무엇을 조각하는지 살펴보았다. 불교와 기독교 유교 등 종교적인 내용이 많다. 아마 교훈적인 내용을 담으려다 보니 그런 모양이다.

마음 닦는 글, 반야심경 등은 쉽게 눈에 띈다. 가늘게 양각한 솜씨가 정성스럽다. 어떻게 한 손으로 저런 조각을 하는지 직접 보지 않으면 이해가 잘 가지 않는다. 상상을 뛰어 넘는 뛰어난 묘기 같다.

한번은 절의 현판을 맡기러 대한문 앞에 간 적이 있다. 인사동을 나가면 고급스럽게 잘하는 목조각 가게가 있으나 굳이 대한문 쪽으로 나간 데에는 까닭이 있다. 남자를 보기 위해서이다. 더 자세히 말하면 남자의 솜씨를 보기 위해서이다.

승용차에 현판용 널판지를 싣고 도착하였을 때 남자는 마침 점심시간으로 자리를 비웠다. 한참을 기다려도 오지 않아 그동안 작품을 구경을 하면서 시간을 떼웠다.

돌담에 기대인 목조각품에는 남자의 손때가 묻어 정이 갔다.

"손이 멀쩡한 사람이 못하다니!"

문득 이런 생각이 떠올랐다.

춥기도 하고 해서 남자를 기다리다가 그냥 널판지를 챙겨 돌아왔다. 마음 속에서 홀연 용기가 생겼다.

"산승도 목조각을 할 수가 있다."

처음하는 작업이다.

돌에 낙관을 새기는 일은 20여 년 전부터 해오던 터이다. 몇 명 앞에서 전각 강의도 해본 적이 있다. 그러나 은행목 현판을 앞에 두고 글씨를 새기는 작업은 난생 처음이었다. 해보니 의외로 재미있었다. 꼬박 이틀 걸려 완성을 했을 때의 성취감이란!

　도구는 남자의 작업 도구를 보고 챙겼다. 작업하는 순서 역시 남자의 작업에서 배운 바가 적지 않다.

　글씨를 새긴 음각 안은 그냥 나무 색깔로 남겼다. 그대로 두어도 깨끗하였다. 따로 흰색 페인트를 칠하려다가 남자의 목각품에서 순수한 나무의 색깔을 보고 배운 것이다.

　더 중요한 점은 따로 있다.

　"하면 된다."

　이 생각이 나를 용기있게 만들었다. 처음하는 일인데도 주저함이 없었다.

　"하면 못할 일이 없다."

　사실 멀쩡한 두팔을 가진 사람이 못할 게 무엇인가 싶다. 지금까지 사치스럽게 살아온 것 같다. 이제 거추장스런 수식어는 빼어버리고 단순한 삶을 사는 것이다.

　"건강한 사지 육신을 가진 사람이 무엇을 못해!"

　문득 이런 꾸짖음이 어디선가 들려오는 것 같다.

·

유머 한 토막

네거리 밥집에 달린 현수막 글귀 하나가 눈길을 끌었다.
"맛이 없으면 밥값 안받습니다."
친구 몇이서 들어가 잘 먹고 말하였다.
"맛이 없는데요."
주인이 웃었다.
"허허."
친구들이 말하였다.
"맛이 없으니 밥값 안 받으시지요?"
"조미료를 많이 쳐서 맛이 별로인데요."
주인이 성난 목소리로 말하였다.
"뭐요? 맛이 없다고요?"
평한다.
남의 말끝에 따라가는 격이다. 그냥 단순하게 우리 밥집은 맛있습니다 하는 정도로 받아들여야지, 곧이곧대로 말을 따라가는 건 무리다.
이 경우 끝가지 버티어도 결국은 밥값을 내야 한다는 게 법조계의 의견이다.

또 다른 경우이다.
배우자가 될 사람 사이에서 소개를 하는 사람이 말한다.

"이 남자는 착합니다. 신체가 건강하고 생활력이 강합니다."
"이 여자는 마음이 비단결 같이 곱고 가사 일을 잘합니다."
그러나 정작 만나서 결혼해 살아보니 그게 아니다.
남자가 중간에 소개를 한 사람에게 따진다.
"이보게, 친구. 어찌 이럴 수 있소? 여자가 마음이 비단결 같이 고와? 가사 일은 또 어떻고?"
이런 경우 중간에 소개를 한 사람이 어이가 없다.
"허허."
평한다.

배우자를 좋게 표현할 때에 과장이 어느 정도 인정되는 게 상례이다. 스스로 판단할 일이지 남의 말에 따라가서는 큰 낭패이다.

책임을 남에게 떠넘기는 사람일수록 말꼬리 잡기를 잘하는데 이런 시시비비는 끝이 없다.

사자는 돌멩이를 던지면 돌멩이를 따라가지 않고 돌멩이를 던진 사람에게 덤빈다.

이전투구泥田鬪狗를 하는 사람을 위한 변명이다.
사람은 자기변명이 당연하고 과장하는 말도 인정된다. 그럼에도 불구하고 먼저 누가 시비분별의 말을 꺼내는가.

발원하는 불자

내가 좋아하는 말씀 중에 중처편추重處偏墜란 말이 있다. 우리가 지은 업業은 선악善惡의 무게에 따라 무거운 쪽으로 기울려 떨어진다는 뜻.

공부인이 매사에 발원發願하는 습관을 가지되, 무심코 말하고 무심코 행동하고 무심코 생각하는 것을 경계하는 교훈이다.

발원은 불사佛事에서 불보살님 전에 공덕을 찬탄하는 한편 신구의身口意 삼업을 청정히 하겠다는 다짐이다.

불사는 크게 보면 절을 세우고 부처님을 모시며 수련회를 개최하는 일들이나 불자의 일상생활 어묵동정이 낱낱 불사 아닌 것이 없다. 스스로 마음 부처를 깨닫는 일이기 때문이다.

중처편추의 비유는 물체가 훤히 눈에 보이기 때문에 업을 물체의 무게에 비유한 것이다.

"선善한 행동의 무게는 얼마 나가고 악惡한 행동의 무게는 얼마 나간다."

"선善한 생각의 무게는 얼마 나가고 악惡한 생각의 무게는 얼마 나간다."

"선善한 말의 무게는 얼마 나가고 악惡한 말의 무게는 얼마 나간다."

이렇게 이분법으로 양분하여 선과 악이 먼저 머리에 떠오른다.

다음 생의 기준은 업의 무게가 무거운 순서에 따라 순위가 정해지고 있다.

　예를 들면, 한 사람의 살아생전 업이 제1 순위는 선의 무게이고 제2 순위는 악의 무게라고 하자.

　이 사람은 먼저 천상락을 받는다.

　다음 제1 순위의 즐거움이 끝나면 제2 순위에 악의 무게에 따라 지옥의 고통을 받는 등 이런 순으로 제3, 제4, 제5의 업보를 받으며 윤회한다.

　여기서 더 자세히 살펴본다.

　어떤 자녀가 부모님께 용돈을 드린 경우이다. 그 행위 자체는 선이나 다음 세 가지 경우로 볼 수가 있다.

　첫째, 착한 자녀 갑은 용돈을 드리면서 말한다.

　"아버님, 어머님, 이 용돈은 적습니다만, 오래 건강히 사십시오."

　둘째, 나쁜 자녀 을은 찡그리면서 퉁명스럽게 말한다.

　"아휴~, 참~, 아프지 좀 말아요. 나도 힘들어요. 용돈은 이번이 끝이요!"

　셋째, 비선비악인 자녀 병은 무표정하게 건성으로 말한다.

　"여기 받아요."

　자녀가 부모님께 똑같이 용돈을 드리는 행위지만 결과에서는 갑 을 병 셋이 선과 악과 무기로 크게 달라진다.

또한 식사를 할 때에도 마찬가지이다.

첫째, 착한 갑의 예를 들면 공양 발원 게송으로 오관게를 하고 식사를 한다.

"이 음식은 어디서 왔는고? 내 덕행으로는 받기가 부끄럽네. 마음의 온갖 욕심 버리고 몸을 지탱하는 약으로 알아 도업을 이루고자 이 공양을 받습니다."

둘째, 나쁜 을은 오관게 없이 그냥 성질을 부리면서 식사를 한다.

"어휴, 속 터지네!"

비선비악인 병은 오관게를 안하고 묵묵히 그냥 식사만을 한다.

지금까지 이야기해온 선과 악 어디에 속하지 않는 무기無記를 유식唯識에서 살펴본다.

무기無記는 그 원인이 선악에 속하지 않아서 결과 또한 고苦와 낙樂을 받지 않는다고 말한다.

사람은 선善 악惡과 비선비악非善非惡으로 구성되어 있다.

그리하여 우리 생각의 주체인 제6식이 선을 일으킬 수도 있고 악을 일으킬 수도 있으며 비선비악 곧 무기無記를 일으킬 수도 있다는 뜻이다.

제6식이 선을 일으키면 선과 상응相應하고 악을 일으키면 악과 상응하며 비선비악을 일으키면 비선비악의 무기無記와 상응한다.

여기서 무기無記에 해당하는 것은 제8식이다.

기억의 창고인 아뢰야 제8식은 비선비악이니 선도 아니고 악도 아니다. 제8식은 제7식이 만들어낸 업에 물들지 아니하고 선과 악의 관념이 없이 다만 저장만 하는 것이다.

무기의 행위는 발전하는 공부인에게 차라리 마약과 같다. 그리하여 선지식은 말한다.

"무기에 떨어지려거든 지옥에 가는 쪽이 낫다."

우두커니 앉아있는 것을 일삼아 한번 무기에 들면 빠져 나올 기약이 멀어지기 때문이다.

공부인이 무기에 들어서 공을 취득했다하는 경우가 종종 있다. 선 악 어디에 떨어지지 않아서 혼자 큰 공부라고 생각하는 것이다.

무슨 일에서나 발원하는 일이 중요하다.

"이 인연 공덕으로 일체 중생이 성불하여지이다."

올 한해는 끝없이 발원하고 또 발원하되, 중요한 점은 발원 형식에 얽매이지 않고 늘 즐거운 마음으로 화안애어和顏愛語로 산다면! 이런 사람은 구태여 발원 형식을 쓰지 않아도 좋은 것이다.

화기애애한 얼굴을 하고 사랑스런 말씨를 쓰는 사람 곁에는 복과 덕이 자연 자리를 같이 하기 때문이다.

불자가 간소하게 재와 차례를 모시는 방법

보통 절에서 재齋를 주관하는 원주 스님까지 제사란 말을 쓰지만 불자는 불교에 입문하면서부터 제사가 아니고 재齋를 간소하게 모셔야 법다운 것이다.

먼저 불교에서는 모두가 마음이라고 하는데 왜 재의 의식이 필요한가. 그것은 법다운 의식으로 불교의 수명이 오래가기 위해서이다. 의식이 없으면 불교 수행은 점차 사라지고 마지막으로 불교학이나 불교철학으로 남는다.

재와 제사는 같은 점이 있다. 후손이 재물을 갖추어서 부모와 조상에게 효순孝順하고 추모추선追慕追先하는 것이다.

다음에서 재와 제사의 다른 점을 몇가지 살펴본다.

첫째, 제사는 오십시오! 부디 오셔서 향흠 하소서! 하는 것이라면 재는, 가십시오! 어서 미련을 갖지 말고 잘 떠나십시오! 하는 점에서 다르다. 온다와 간다란 말의 차이는 간단하지만 의미는 상당히 큰 차이가 있다.

영가는 식신識身의 존재存在이다. 의식으로 생겨서 변화한 몸이고 피와 정기 등으로 된 몸이 아니기에 중유신中有身, 의생신意生身, 의성신意成身이라고 한다. 또한 영가는 오로지 향기 냄새로 먹는 식향食香으로 몸을 유지하기 때문에 식향食香 혹은 심향尋香이라고 한다.

둘째, 재와 제사 내용의 차이이다.

음식 위주가 제사라면 보시 위주가 재이다. 제사가 음식상이 효성심을 나타내는 듯이 잔뜩 많이 차리는 데에 중점을 두는 대신 재는 경전을 보시하는 법공양, 삼보三寶나 가난한 이웃들에게 필요한 것을 베푸는 재보시가 무엇보다 가장 으뜸이다.

셋째, 불자가 재를 모시는 시간을 밝힐 차례이다. 시간은 부처님께 공양을 올리는 사시(巳時, 9-11시)가 좋다.

차례의 경우를 본다면, 차례상은 이름 그대로 차 공양 위주의 공양상이다. 청정수나 정갈한 녹차 공양이다.

본래 음력 매달 초하룻날과 보름날, 명절날, 조상의 생일 등에 간단히 지내는 제사였으나, 지금은 설과 추석날에 올리는 정도로 남아 있다.

차례는 정식 제사가 아니라 인정仁情으로 올리는 약식 제례이다.

시간은 정해져 있지 않고 보통 이른 아침에 행하는 것이 관례이다. 불자에게 권한다면 부처님 공양 시간인 사시 공양 시간 곧 9시부터 11시 시간이 좋을 것이다.

그러나 반드시 사시에 얽매이지 않는다. 특별히 바꿔야 할 경우에는 절에서도 적절하게 바꾸어서 실시하는 융통성이 있다.

예를 들면, 병을 없애기 위한 구병救病 시식施食은 밤중에 모신다. 영가가 먹는 활동을 하기 좋은 시간이 음陰의 밤이기 때문이다.

　넷째, 다음은 상 차리기이다.
　점심으로 발우 공양을 할 때에 스님네는 한사람의 헌식이 밥알로 3알에서 7알 정도이다. 3, 5, 7, 9 숫자의 홀수가 길수라는 생각에서 나온 것이다.
　과일 종류도 색깔별로 삼색, 혹은 오색이다. 비슷한 색깔이라도 반드시 색깔에 구애 받지 않는 것이 불교의 의례이다.
　나물 종류도 과일 종류와 같이 3, 혹은 5, 혹은 7로 한다.
　재를 마치고 나서 차려놓은 모든 음식을 걷어 헌식대에 헌식 할 때의 그 양은 모두 합쳐서 한 그릇 미만이다. 그만큼 재의 음식이 간소한 것을 중국 큰절에서 여러차례 본 경험이 있다.
　우리나라 절에서는 음식을 얼마나 많이 차리느냐에 중점을 두고 있어서 아직 제사 수준에 머물고 있다.
　7알 보다 많으면 넘치고 3알 보다 부족하면 미치지 못하였다고 하여 과부족過不足을 금하였다. 찻잔의 조그만 잔의 정도 크기의 접시가 밥그릇이고 반찬 그릇이다. 모든 떡과 과일도 마찬가지이다.
　실제상에서는 대충 3알에서 7알 정도로 헌식하는 것이지 반드시 3이나 7이란 숫자에 얽매이지 않는다.
　식순은 우선 동참자 모두가 삼 배 올린다. 이 배二拜라고 하는 사람이 있으나 이건 옳지 않다. 천수경, 발원문, 반야심경 순이면 무난하다. 시간이 허락한다면 불보살 명호로 예컨데, 나무아미타불! 정근精勤이 천수경 다음에 들어간다. 마지막으로 삼 배하고 헌식을 한다. 헌식을 할 때에는 야외 깨끗한 곳에 쏟는다. 이때 합장을 하고 4 다라니 혹은 반야심경을 외운다.

절에서 공연히 자주 재를 모시지 않는가, 하고 의아해 하는 사람이 있다.

본래는 49재로 끝나지만, 연년이 기제사에 재를 모시고, 혹은 기도 중에 모시는 까닭은 다음 두 가지 뜻이 있다.

첫째는, 영가에게 보시한다.

영가를 천도하는 대상이 당사자가 모시려는 한 두 영가만이 아닌 주인 있는 유주有主 영가, 주인이 없는 무주無主 고혼 영가를 위한 법석이기 때문이다.

둘째는, 불심을 키운다.

신심이 없는 동참자라도 재를 통해서 삼보 전에 한 발자국 가까이 다가가서, 불심을 돈독히 하는 좋은 기회가 되기 때문이다.

유턴 대학교 학생

우리나라의 경우 대학교육에 대한 열의가 세계적으로 유례없이 높다. 우리나라 고등학생들의 대학 진학률은 한국이 83%로, 일본 45%, 미국 63%, 영국 71%에 비해 아주 높다고 일간지 J신문 2006.6.21자에 실려 있다.

이런 차제에 인생 대학에 관한 유머 한 토막.

하루 종일 바쁘게 사는 사람은 하바드 대학교 학생이라고 부른다.

하루 종일 이리 와요, 하는 소리에 따라 사는 부부는 하와이 대학교 학생이라고 부른다.

하루 종일 방안에만 콕 박혀 사는 사람은 방콕 대학교 학생이라고 부른다.

전철이나 지하철을 무료로 타고 다니며 500원 나눠주는 곳을 쫓아다니는 사람은 전국 대학교 학생이라고 부른다. 요즘도 경로증을 가진 할머니 할아버지 가운데 그런 분이 계신다.

동네 경로당에 나가 하루 종일 보내는 사람은 동경 대학교 학생이라고 부른다.

마지막으로 유턴 대학교이다.

이 대학교는 불교 참선대학교이다.

밖으로 나가는 시선을 유턴U-TURN하여 내면의 자기 세계를 관찰하는 사람이 다니는 대학교이다.

유턴 대학교의 교훈은 달마 스님의 법문인 관심일법觀心一法 총섭제행總攝諸行이다. 마음공부 하나가 천만가지를 다 해결한다는 뜻.

유턴 대학교 학생 가운데서도 유턴을 잘못해서 역주행을 하는 사람이 있다. 보조 국사는 계초심학인문에서 말한다.

"소위 뱀이 물을 마시면 독이 되고 소가 물을 마시면 우유가 되듯이, 지혜로운 사람의 배움은 깨달음을 이루고 어리석은 이의 배움은 생사를 이룬다 함이 바로 이것이니라."

같은 물인데도 우유가 되고 독이 된다. 같은 비유로, 사자가 여우 소리를 내면 그것이 사자 소리이고 여우가 사자 소리를 흉내 내어도 그건 여우 소리에 지나지 않는다.

이 까닭은 근본 바탕이 무엇보다 중요하기 때문이다.

영명 연수 스님은 종경록에서 말한다.

"혹 법문 진리를 꽉 움켜 쥘 뿐 펼 줄 모르고, 그 말에 쫓아 견해를 일으킨다면, 마치 불사약인 감로수를 복용하고도 도리어 일찍 죽는 사람과 같고, 혹 무상 대도에 간절히 나아가되, 중도를 잃고 무상대도에 집착심을 가진다면, 마치 최상의 맛인 제호를 마시고도 독을 마신 효과를 보는 것과 같느니라."

왜 그럴까.

자기 마음을 유턴 하지 못한 탓이다.

선구로는 회광반조廻光返照란 말이 있다. 마음 빛을 마음 안으로 돌이켜 비춰본다는 뜻이다. 만일 일순간에 회광반조가 되면 억겁 윤회의 흑업이 일시에 다 녹는다고 경에서 말한다.

비유하면, 목수는 톱으로 자르고 대패로 깎는 일을 많이 하기 때문에 복도 깎고 잘라서 후손이 썩 좋지 않다고 하는데, 목수는 평생 자르고 깎는 업만 짓기 때문인 것이다.

또 꿈틀꿈틀 살아있는 뱀을 잘 그리는 화가가 죽어서 뱀의 과보를 받았다는 고사가 있는데, 이와 같이 뱀의 업을 평생 지었기 때문인 것이다.

그럼, 어떻게 해야 유턴 대학교 학생처럼 공부를 잘할 수가 있을까.

목수는 자르고 깎을 때마다 원을 세우는데, 악한 생각, 말, 행동 등 악업을 깎고 자르겠다는 생각을 하고, 화가는 뱀을 그릴 때마다 원을 세우는데, 생기발랄한 생명력으로 우주 대자연을 선행으로 장엄하겠다는 생각을 하는 것이다.

우수한 유턴 대학생은 자신이 유턴 대학교 학생이라는 데에도 마음을 두지 마시라. 다만, 밖으로 나가는 시선을 꺾어서 유턴 하되 항상 깨어서 맑게 생각으로 화두話頭를 든다.

"무엇이 유턴을 하고 있는가?"
"유턴하는 이것은 무엇인가?"

불자가 유턴대학교를 다녀도 자나깨나 한 순간 화두를 놓치는 일이 있으면 우수한 학생이 아니다.

안으로 마음이 향하면 공空에 가깝고 밖으로 마음이 향하면 연기緣起에 가깝다.

욕심이 목에 차오를수록 유턴 대학교 학생임을 생각하시라.
화가 날 때일수록 유턴 대학교 학생임을 생각하시라.
어리석음에 빠질수록 유턴 대학교 학생임을 생각하시라.

30여 년 전의 회상

아주 까마득하게 잊혀진 사람의 소식과 함께 보낸 돈 봉투를 건네주는 사람이 있다. 거슬러 올라가면 30년도 더 넘은 시절의 이야기이다.

취당 선생은 내게 진 빚을 가족들에게 유언으로 남겼다.

"꼭 갚아주어야 하는데…."

뭐 대단한 빚이 아니다. 30여 년 전의 화폐는 물가 상승률에 따라 산출하여 지금의 10배 정도이며 보통 노트북 하나 살 정도이다.

부인과 자녀 사위 손녀 등 일 소대가 찾아와서 망자 취당 선생의 뜻을 전한다.

"어디서 무엇이 되어 다시 만나랴!"

홀연 언제 본 책 제목이 생각에 떠올랐다.

하여간 취당 선생은 내 주머니에 없는 돈을 빌려 달라고 해서 다른 이에게 빌려가지고 가까스로 준 돈이었다. 내 형편이 지금도 그렇지만 통장에는 늘 노트북 하나 살 정도의 금액이다.

그 후 소식이 끊어져 잊혀진 지가 오래되었다.

"스님, 취당 선생을 아시겠지요?"

부인은 취당 선생이 작고할 당시의 일을 간단히 전했다.

담담한 심정이었다. 굳이 이렇게 찾아올 이유가 없고 웬 돈 봉투를 이제야 내미는지 의아스러울 지경이었다.

취당 선생은 하나를 일깨워주었다.

돈은 그냥 주든가 아니면 아예 안면 물수하든가 해야지, 지인끼리 서로 빌려 주면 친한 사이에 금이 간다는 사실이다.
　그래도 취당 선생은 작고作故 직전에 한 가닥 착한 마음이 생긴 것일까.
　"스님에게 꼭 전해주어야 하는데...."
　언젠가는 한 환자가 병실에서 환자복을 입은 채로 나타나서, 내가 아는 지진 스님 앞에 도둑질을 한 물건을 가져와서 한 말이 있다.
　"스님, 받아두세요. 이건 스님 방에서 제가 훔친 물건입니다."
　스님 방안에 무단 침입하여 훔친 것이 휴대용 트랜지스터 라디오 하나이다. 오랜 그 시절에는 이것도 고가품에 속했다.
　환자는 병실에서 라디오를 켜놓고 흘러나오는 음악을 듣다가 홀연 인과응보를 깨달았다.
　"이 도둑 물건으로 병이 절대 낫질 않는다!"
　생각이 여기에 미치자 환자는 곧 환자복 그대로 뛰쳐나왔다.
　이렇게 죄를 짓고는 못 사는 세상이다. 복을 짓고도 복을 받기가 쉽지 않은 세상인데 복을 까먹고 살면서 어떻게 잘 살기를 바랄수 있을까.

휴대전화

유명인사를 소개하는 자리에서 이런 말을 한다.
"네, 이분은요. 휴대전화를 안쓰신 분이세요."

휴대전화를 안 가진 사람이 가진 사람보다 존경받는 사회는 잘못된 사회이다. 자동차를 운전하지 않고 대중교통을 이용하는 사람을 존경하는 건 잘못이다.
지인 한 사람이 말한다.
"산골에 살면서 나는 서울을 통 가지 않았어요."
10여 년 동안 서울을 안 가봤다는 말이다. 서울에 볼일이 있으면 가야지, 서울 못 미처 수원 정도에 온 것이 자랑인가.
먹을 때 먹고 잘 때 자는 사람이 존경 받아야 건강한 사회이고 아름다운 사회이다.
먹을 때 먹지 않는 사람이 존경받고 잘 때 자지 않는 사람이 존경받는 사회는 문제가 있다.
기형적이고 불균형한 것을 쫓는 기호이다. 마치 수집가가 좋아하는 것은 온전한 것보다는 만들 때 실패한 것들이다.
그건 그렇다고 하자.
산에 살고 바다에 사는 사람이 도심 속에 사는 사람보다 존경받는 사회는 과연 올바른가.
정신이 문제이다.

산에 살거나 바다에 살거나 묻지 않고 덕스럽게 마음을 쓰는 사람이 존경 받는 사회가 좋은 사회이다.

평소에 양말을 신지 않는 사람이 존경 받는 건 이상한 일이다.

양말을 신었거나 벗었거나 문제가 아니다. 자연스럽게 신든지 벗든지 할 따름이다.

우리 사회에 기형적이고 불균형한 것을 쫓는 일이 사라져야 평범하게 의식주 생활을 하는 사람이 존경받는 아름다운 사회가 될 것이다.

평범平凡 속의 비범非凡이란 말이 있다.

세상 속에 어울려 살되, 청정한 지조와 고상한 풍류를 놓치지 않는다는 뜻이다.

석가모니 부처님이 그런 분이시다.

환상통 幻想痛

　벌써 2천6백 년 전에 인도에서 밝혀진 사실을 매스컴에서는 최근 미스터리라고 소개한다. 내용은 오래 전에 절단되어 이미 사라진 손가락이나 발가락에서 홀연 아픈 감각이 느껴지는 경우이다. 한 의사는 말한다.
　"뇌 신경의 오작동이지요. 착각으로 환상통을 느끼는 거지요."
　여기저기에 환상통의 환자가 있다. 30년 전에 사라진 발에서 가려움과 아픔을 느낀다는 노인. 때로는 쥐어짜는 아픔이 있다. 기계로 측정한 결과 기억하는 뇌 속에는 사라진 신체 에너지가 아직 남아있기 때문이라고 한다. 대개는 일년 쯤 지나면 이런 아픔도 사라진다는데 노인의 경우는 좀 특이하다.
　15세 미만 어린 아이의 경우는 환상통이 거의 없다. 아직 기억 속에 신체 에너지가 잘 저장되지 않은 까닭이다.
　환상지幻想指가 환자 자신을 놀라게 하는 사실이 더 있다. 사라진 신체 부위의 손가락과 발가락인 환상지는 기氣를 발산한다. 어이없게도 없어진 것이 상상 속에만 있는 그런 것으로 알고 있었는데 그 정도가 아니다. 실체로 기氣를 발산하는 장면이 기계 측정으로 분명히 잡혔다.
　미스터리 환상통이 시사하는 바는 무엇인가. 초기 불교의 의문을 간단하게 풀어주는 열쇠이다. 자아自我는 실체實體가 없다. 나라고 내세울 만한 주체가 없다. 중생의 삶은 끝없이 윤회輪廻를 거듭한다. 그럼, 주체가 없는데 어떻게 윤회를 하는가. 사라진 손가락 발가락은 실체實體가 없다. 손가락 발가락이라고 내세울 만한 주체가 없다. 환자는 살아가면서 끝없이 아픔을 느낀다. 그럼, 주체가 없는데 어떻게 아픔을 느끼는가.

이것은 바로 뇌 신경의 오작동이고 중생의 착각이다. 삼독三毒심은 많은 세월동안 습習으로 업業으로 남은 결과이다. 옛사람이 말하였다.

"욕심을 버리면 세상이 더 넓고 아름답게 보인다. 욕심을 줄이면 이웃이 더 따뜻하고 친근하게 대해준다."

평소에 느끼는 기쁜 일이나 괴로운 일은 다 바른가. 모두 다 중생의 오작동이나 착각에 지나지 않는 사실을 잊어서인가. 명예나 부귀 역시 하나의 신기루라는 사실을 환상통은 이야기한다.

하늘은 해와 달을 자랑하지 않는다

말을 할 때에는 여유가 좀 필요하다. 방송 중에 진행자가 묻는다.

"어머니, 이번 아드님이 금메달을 따낸 소감을 한 말씀하시지요."

어머니가 말한다.

"운이 좋았을 뿐입니다. 성원을 보내주신 국민 여러분께 감사드립니다."

그러나 이렇게 말하는 어머니도 있을 수 있다.

"우리 아들은 어렸을 때부터 뛰어난 재주가 있었어요. 만세!"

혹은,

"아, 우리 아들의 금메달은 진즉 땄어야 한 것이지요. 실력면에서 월등히 나았으니까요."

이런 경우에는 시청자가 TV 채널을 곧 돌려버린다.

고시준비생이 아껴두는 말이 있다.

보통 경우에는 자신을 잘 드러내지 않는 말이다.

"고시준비생입니다."

도를 닦는 수행자도 아껴 두는 말이 있다.

"도를 닦는 수행자입니다."

그러나 마음에 여유 없는 사람은 자신을 곧잘 드러내는데, 한번은 전화로 이런 말을 들었다.

"저는 지리산에서 도를 닦는 수행자입니다."

돈, 돈, 하는 사람은 돈을 못 번다.

"얼마요?"

"비싸다, 싸다."

자주 이런 말을 입에 올리는 사람치고 점잖은 사람이 적다. 진짜 돈을 많이 번 사람은 돈 이야기를 꺼린다.

꼭 말 할 필요가 있어도 간접적으로 돌려서 말한다.

지난 날 LA에서 겪은 일이다. 덕우德愚 거사는 자수성가한 50년대 유학생 1세대의 한 사람이다. 그는 크게 성공한 것을 이렇게 평했다.

"마음에서 돈을 멀리 한 뒤부터 큰 돈이 모였습니다."

그는 상류 백인들이 모여 사는 동네 안에 풀장을 갖춘 저택에서 여유있게 지내고 있었다.

도, 도, 하고 도를 입에 달고 다니는 사람은 도를 잘못 닦은 사람이다.

누가 서울을 물었을 때, 서울 사는 사람은 서울 정도 500년 역사를 길게 말하지 않는다. 서울 지리를 유식하게 말하지 않는다.

그냥 단순하다.

"아, 좋지요."

서울에 가 보지 않은 시골 사람일수록 장황하다.

서울 정도 500년 역사와 종로 지리에 졸졸 꿰어도 공허한 설명일 뿐이다.

 암흑가의 보스 한 사람이 감옥에 갔을 때 이웃 사람들은 그가 친절한 아저씨로 기억한다고 평하였다.

 어느 입영을 앞둔 신체검사장에서 있었던 일이다.
 시골에서 온 조무래기들은 저마다 주먹 자랑 영웅담을 떠들썩하게 이야기 하는데, 남자가 모인 자리에서 으레 볼 수 있는 풍경이다.
 병역 기피를 하여 나이를 많이 먹고 뒤늦게 신검을 받으러 온 보스가 있었다. 그는 바보처럼 보였다. 무슨 일에서 어린 사병이 벌로 귀를 잡아당겨도 그냥 웃을 뿐 조금도 언짢은 기색이 없었다.
 수준이 높은 사람은 자신을 드러내지 않는다.
 한 선사는 꿈에 산신이 나타나서 자신에게 현몽한 것을 두고 크게 한탄하였다.
 "공부가 겨우 이 정도인가? 귀신이 엿보다니!"
 목표가 정해지면 묵묵히 나아갈 뿐, 자신을 잘 드러내지 않는 사람일수록 성공한다는 것이다.
 하늘은 해와 달을 자랑하지 않는다.

초발심의 풋풋함

옛사람은 말하였다.

"도道는 초발심初發心의 직심直心이면 통하느니라."

또한 선서禪書에서 말한다.

"도는 아는 것과 모르는 것에 있지 않으니, 안다면 망상妄想이고, 모른다면 무명無明이니라."

장미꽃의 비유가 있다. 사람이 많이 알면, 개량된 장미꽃에 지나지 않아 그만큼 초발심의 향기가 줄어든다. 초발심으로 시종일관始終一貫한 옛사람이 적지 않다.

장미는 개량될수록 향기가 줄어든다.

최근에 유럽 꽃시장에는 여러 색깔의 장미꽃이 선을 보였다. 특히 한 송이에 꽃잎이 각각 다른 색깔로 핀 모습을 상상해보시라. 주위의 밝고 어둠에 따라 색깔이 달라진다니 얼마나 아름다운 꽃인가.

허나 아쉬운 점은 야생의 장미 향기에는 미치지 못한다. 벌레가 먹은 야생 장미꽃에는 향기와 빛깔이 온전한데 그 이유는 간단하다. 외부 적의 침입에 맞선 강렬한 생명력 때문이며 적응력 때문이다.

차츰 배우고 익힌 초발심자의 경우도 이와 같다. 오래된 사람은 노숙한 반면, 야성의 청순미, 초발심의 풋풋함이 줄어든다.

얻은 것이 완숙이라면 잃은 것은 초발심이다. 텅빈 공간의 여백에 불안해 하는 사람이 있다. 맑고 깨끗한 초발심같은 여백인데 자꾸 채워야만 직성이 풀린다니 얼마나 아이러니한가.

순수한 야채 음식의 맛은 담박하며 소금맛이 위주다. 고유한 야채맛을 낸 사찰 음식은 많은 조미료를 쓰는 식당 음식과 비할 바가 아니다. 더구나 한 요리에서 많은 야채를 뒤덤벅하여 쓰지 않는다. 초발심은 이런 것이다.

옛날 인도 설화의 한 토막.
전지전능한 신 브라만이 있었다.
맨 처음에는 사람들에게 행복을 거져 주었다. 이때 사람들은 날이면 날마다 빈둥거리고 놀았다. 행복에 취하여 할 일이 전혀 없었기 때문이다. 제석천의 신은 사바세계 사람들의 게으름을 보고는 행복을 빼앗아갔다. 그리고는 생각에 잠겼다.
"저 깊은 푸른 바다 속에 숨겨둘까?"
"저 높은 산위에 숨겨둘까?"
미래에는 산과 바다를 사람들이 정복해서 행복을 찾아 갈 것이라는 생각에 미치자 다시 머뭇거렸다.
"사람들이 가장 찾기 어려운 곳이 어디지?"
이때 제석천이 찾아낸 곳이 바로 사람의 마음이었다.
"그렇다, 마음이다. 사람 자신과는 한치도 떨어져 있지 않은 데에 숨겨두자!"

제석천은 스스로 만족하였다. 이 설화의 교훈은 가장 가까운 데서 시작하여 본래의 마음, 소박한 마음, 초발심을 통해 행복을 얻는다는 점이다.

그럼, 공부의 시작은 어떻게 할 것인가.

첫째, 무엇보다 먼저 바르고 좋은 스승의 선택이다. 세상 일에 하찮은 짚신을 엮는 데에도 스승이 있는데 도를 닦는 데에 스승이 없을 것인가.

초발심자경문 첫 줄에서 말한다.

"처음 발심한 사람은 모름지기 악지식惡知識을 멀리하고 현인賢人과 선인善人을 친근히 할지니라"

법화경에서는 수지受持, 독讀, 송誦, 해설解說, 서사書寫 등 다섯 가지 선지식 법사法師가 나와 있다.

첫째, 경전을 잘 정리해서 장서藏書한 스승
둘째, 경전을 잘 읽는 스승
셋째, 경전을 범성梵聲으로 소리 높여 잘 외우는 스승
넷째, 경전 법문 강의를 잘하는 스승
다섯째, 경전 사경을 잘하는 스승이다.

정리하면 안목眼目이 트인 스승이고 선지식이다. 서장書狀을 쓰신 대혜大慧 종고宗杲 선사는 아침 마다 선지식의 한 말씀 끝에 활연대오豁然大悟하기를 발원하신 것으로 유명하다. 화두선話頭禪의 대종장大宗匠 답다.

공부는 좋은 스승을 가리는 데서 벌써 판가름 난다고 본다. 거리에 나서면 길을 인도하는 사람이 잘못 가르쳐주는 예가 얼마나 많은가. 길 안내는 한번으로 그치기에 다행이나 세세생생 윤회의 길에서 헤맬 것을 생각하면 아찔한 노릇이다. 매일 선지식善知識 만나기를 발원하면서 초발심의 겸손함을 잃지 않는다는 점이 중요하다. 초발심은 곧 이러한 겸손한 자세이다. 그리고 이 겸손한 자세는 수행의 시작이자 마지막이다.

둘째, 자신답게 사는 일이다. 남의 이목耳目에 팔려 겉치레로 사는 일상의 삶은 이제 쉰다. 무엇을 위해 아침부터 저녁까지 아귀 타툼하고 사는가. 긴 호흡으로 세상을 바라보는 자세가 필요하다. 단 하루라도 좋다. 밖으로 빼앗긴 시선을 거두고 안으로 내면의 소리에 귀 기울이는 것이 보람있는 시간이다. 성스러운 묵언默言 속에 자신을 지키는 삶이 수행자의 모습일 것이다.

적절한 가르침

때는 부처님이 영축산에서 머물고 계실 때의 일이다. 목련 존자가 제자 두 사람을 가르치고 있었다. 어느 날이다. 부처님이 목련 존자를 불러서 물으셨다.

"존자는 어떤 가르침을 주고 있는가?"

목련 존자가 대답하였다.

"네, 부처님.

한 사람에게는 부정관不淨觀을 가르치고 다른 한사람에게는 호흡법呼吸法을 가르치고 있습니다."

"그렇군. 두 사람은 어떤가? 다 깨달음을 얻었는가?"

"아닙니다, 부처님.

두 사람은 아직 깨달음을 얻지 못하였습니다."

이때 부처님은 어느 제자가 부정관을 하고 어느 제자가 호흡법을 하는지 들으시고는 잘못을 지적해주셨다. 곧 적절한 가르침이 필요하여, 좋은 가르침이라고 하더라도 누구에게나 통하는 것이 아닌 것이다.

목련 존자는 대장장이를 한 갑의 제자에게는 부정관을 가르쳤고, 세탁업을 한 을의 제자에게는 호흡법을 가르쳤다.

사실은 제자 을의 직업이 세탁업이었기 때문에 부정관이 적합하고 제자 갑의 직업이 대장장이로 풀무질을 한 경험이 있기 때문에 호흡법이 적합한 것인데도 이런 점을 고려하지 않았던 것이다.

이후 부처님의 가르침에 따라 두 제자는 곧 깨달음을 얻었다. 무엇이나 적재적소適材適所의 가르침이 필요하다는 교훈이다.

왜 우리 불자들은 이런 점을 고려하지 않고 한 가지만을 쫓고 있는가. 누가 무슨 공부를 해서 성과를 거두었다고 한다면 그것에 매달리는 풍조가 눈에 띈다. 자기만의 세계를 갖지 못한 일은 비단 불자뿐만이 아니다.

미술계는 어떤가.

일률적으로 한 가르침에 따른 탓으로 동문 미전美展에 걸린 작품이 그런 현상을 대변한다. 서예 역시 예외가 아니다. 이런 척박한 문화 풍토에서는 예술의 천재성이 빛을 볼 수가 없다고 자탄하는 소리를 들었다.

다시 우리 불교계로 화재를 바꾼다.

화두 공부는 애초 눈 밝은 선지식의 몫이었다. 공이 들어오는 족족 홈런을 날려버린 홈런 명타자의 솜씨가 바로 그것이다. 헌데, 죽은 화두話頭를 붙들고 밤낮 매달린 수좌의 애처로움을 부처님은 어떻게 사자후獅子吼 하실지 궁금하다.

부정관不淨觀은 세탁업을 한 사람에게 적합하고 호흡관呼吸觀은 풀무질을 한 사람에게 적합하듯이 눈 밝은 선지식의 역할이 얼마나 중요한지 잘 알 수가 있다.

부정관은 간단히 말하자면 더러운 이 육신을 정밀하게 관찰하는 공부다. 호흡관은 입식入息과 출식出息을 나누어서 숨을 쉬는 과정을 눈앞에 손금 보듯이 정밀히 관찰한다.

코와 목구멍과 식도 등 기도氣道를 통해 들숨과 날숨이 어떻게 들고 나는지 집중시켜 본다. 부정관이나 호흡법의 공부 방법에는 우열이 있을 수가 없다. 기도가 되었든지 경전 공부가 되었든지 적절한 가르침이면 족한 것이다.

참선은 또한 참선대로 훌륭하나 무턱대고 최상승最上乘이란 이름으로 적절치 못한 가르침이 된다면 그 다음의 결과는 자명한 것이다. 장부에게는 스스로 충천하는 기상이 있거늘 어찌 부처님이 가신 길이라고 하여 쫓아가랴.

공명의 세계

마음의 물질화 현상을 살펴본다.

물이 담긴 유리컵을 이용한 실험이다. 바람으로 공명을 일으키면 컵이 깨어진다.

공명共鳴이란 어느 한곳에 바람을 보내서 부딪치게 하고 그곳을 울려 소리를 내는 방법이다.

우리 몸은 수분이 70% 정도라고 한다. 머리는 80%로 더욱 수치가 높다.

몸에 공명이 오면 유리컵처럼 깨어질 수가 있다. 만일 마음이 미움과 악惡으로 차 있을 경우에는 치사 상태에 빠질 수도 있는 것이다.

사람이 늘 마음을 편하게 가지고 유쾌하게 지내면 공명이 와도 무관해진다. 이 까닭은 외부의 강한 자극이 와도 상처를 입지 않다는 원리이다.

다음에서 두어 가지 예를 든다.

첫째, 외침소리에 놀라 잡힌 흑인 도둑 이야기.

1985년에서 86년 사이에, 로스앤젤레스 고려사 분원인 고려사 선원에서 지낼 때이다. 새벽 3시에 도량석을 하려고 선원 정진실에 들어간 순간 흑인 도둑을 만났다. 그는 우리 건물과 이웃 건물 사이에 난 조그만 통풍구를 뜯고 잠입한 침입자였다.

젊은 흑인 남자가 요령을 가지고 열쇠 통을 열심히 쪼면서 복전함을 잡아 뜯고 있었다.

흑인 등 뒤에 다가가서 내가 발을 굴리고 외쳤다. 이때는 영어가 필요 없다.

"네 이놈!"

흑인이 뒤를 돌아보고 멈칫하였다. 다시 힘차게 외쳤다.

"무슨 짓이야?"

이때 흑인이 맥이 풀린 상태로 엉금엉금 기어서 가까운 청소함 창고로 들어가 넋을 잃고 앉았다. 문득 옛사람의 말이 생각났다.

"도둑은 쫓지, 잡는 것이 아니다."

문을 활짝 열고 밖으로 나와 흑인 남자가 나가기를 기다렸다. 반시간쯤 지나서 힘없이 문밖으로 빠져나가는 흑인 남자의 뒷모습이 그렇게 처량해 보일 수가 없었다. 검은 옷 탓인지 흑인 남자는 곧 어둠 속으로 사라졌다.

예불 후에 좌선을 하면서 옛 스님 네가 할喝로 사람을 교화한 방편법이 생각났다. 전혀 의도한 바가 아니었는데 결과적으로는 생사生死의 할을 모방한 것이 되고 말았다. 할 한방에 흑인 남자가 쓰러진 것은 정말 놀라운 일이었다.

둘째, 외침소리에 놀라 새벽에 걸망을 싸고 사라진 입승 스님 이야기.

송광사에서 법정 스님이 수련원 원장인 시절에 수련을 담당하는 간사로 지낼 때였다. 수련생은 매회 일반인 남녀 100명 정도가 대상이었다.

산승은 계곡물이 시원한 사자루에서 4박5일 수련을 지도하는 중이었다. 선방 입승 스님은 한 두 시간 좌선 강의를 맡고 산승은 4박5일 동안 죽비를 치는 진행자였다. 수련원 안에는 주임 지도법사 한사람과 보조 지도법사 두 사람이 수련 진행을 맡고 있었다. 산승은 주임 지도법사였다.

헌데 입승 스님이 산승에게 화가 나 있었다.

죽비만 칠 일이지 왜 좌선 진행 중간에 좌선의坐禪儀 내용을 이야기 하였느냐는 것이다.

홀연 입승 스님이 저녁 공양 후에 산승을 외진 데로 불러냈다. 교무 스님의 방 뒷마루이다.

입승 스님이 말하였다.

"스님이 좌선의坐禪儀를 얼마나 잘 아는가 모른데, 선방에서는 내가 입승이고 여기 수련장에서는 좌선 강의를 맡은 사람이 나란 말이요. 헌데, 스님이 그걸 잘 몰라요."

산승은 의아해서 그의 눈을 바라보았다. 평소 너그럽고 온순한 입승 스님이 오늘은 별다르다. 무엇인가 집착해서 옹졸해 보인다. 산승이 말이 없자 입승 스님이 다시 묻는다.

"스님은 규봉 종밀 스님의 원각경 주석서를 보았소?"

산승이 대답하였다.

"아니요."

"왜 그럼, 그 책도 안 보았으면서 좌선의坐禪儀 내용을 수련생에게 말해요?"

"좌선의坐禪儀와 규봉 종밀 스님과는 무슨 연관이 있어요?"

"왜 몰라요? 좌선 중 마장을 물리치려면 규봉 스님이 주석한 원각경 내용을 보라고 말하지 않았소?"

산승이 말하였다.

"아, 그렇군요. 헌데 오늘 여기 오란 말은 그 말 때문인가요?"

입승 스님이 화가 나서 말하였다.

"야, 넌, 주-제-넘-어, 건방져!"

그의 얼굴이 벌겋게 상기되어 있었다.

이때 산승은 홀연 무엇을 시험해볼 때라고 생각하고 더 얌전해졌다.

"입승 스님, 미안합니다."

입승 스님이 훈계를 시작하였다.

"넌 말이야! 더 공부하란 말이야, 제 분수를 차리고, 내 말 알아 듣겠어?"

훈계는 점입가관에 이르렀다. 이윽고 위험 수위에 도달하였다는 생각이 들자, 순간 포착을 놓치지 않고 산승이 벌떡 일어났다.

그리고는 입승 스님을 향해 물어뜯을 듯이 포효하였다.

"이--봐! 정--신--차--렷!"

이때 놀라운 일이 벌어졌다. 입승이 눈을 부들부들 떨며 어, 어 하고 헛소리를 내기 시작하였다. 처음에는 너무 심하게 떨어져서 장난이 아닌가 의심스러웠다.

좀 지나서 교무 스님이 뒷문을 열고 우리 정황을 살펴본 다음 말하였다.

"난 또, 무슨 도둑이 담을 뛰어 넘어와, 사람이 놀라는 외침 소리인 줄 알았어요."

입승 스님은 어, 어, 헛소리를 멈추지 않았다. 눈 흰자위가 충혈

되어 핏발이 섰다.

산승이 간병실로 인도하여 입승 스님을 눕히고 물수건으로 이마를 덮어주었다. 입승 스님은 그래도 외침소리 충격에서 벗어나지 못하고 있었다.

이튿날 새벽이다. 선방 입승 스님이 보이지 않았다. 몰래 걸망을 싸가지고 떠난 것이다. 법정 스님이 말하였다.

"이상하네. 안거 중에 생전 안거를 깨는 일이 없는 입승 스님이 떠나다니!"

그 이후로 한 선방에서 같이 지낸 일이 다시 없었다.

산승이 방부를 드린 선방에서는 입승 스님이 늘 떠나갔기 때문이다. 하다못해 객실에서도 산승만 보면 피해 곧 사라지곤 하였다. 그리하여 미안한 마음에 한번 공양이라도 올리고 입승 스님과 이야기를 나누려는 원이 쉽게 이뤄지지 않았다.

간간히 바람결에 들리는 바로는 정진을 잘하는 입승 스님이 큰스님이 되어 한 회상의 법주法主라는 소식이다.

염라대왕은 누가 될까

　아침으로 고구마를 한입 베어 먹어가며 바느질을 한다. 여름내 쓴 모기장의 손질이다. 구멍 난 데를 때우고 고리 부분 등도 손질한다. 내가 전생에 여자였나, 하는 생각이 든다. 옛사람은 말한다.
　"전생 남자는 여자가 되고 전생 여자는 남자가 된다."
　이 까닭은 이성을 생각하는 힘이 강해서 그런 것이다. 남자가 생각의 무게를 저울질해 본다면 제1순위가 여자이고, 여자가 생각의 무게를 저울질해 본다면 제1순위가 남자라는 말이다.
　찬찬히 바늘에 실을 꿰어 바느질을 하는 동안 생각이 정리된다. 아침 햇살이 창 너머로 길게 비쳐 들어와 따뜻하다.
　삶과 죽음의 세계는 하나. 사자의 수의에 실 끝을 매듭짓지 않는 까닭은 매듭이 때로는 한과 원결이 되기 때문이다. 이 세상의 한과 원결을 다 풀고 가라는 뜻이다.
　염라대왕은 누가 될까. 홀연 누구에게 들은 이 생각도 떠오른다. 지하철을 아침 일찍 타본 경험이 있는 사람은 곧 알 것이다.
　가장 좋은 자리는 누가 앉는가. 마음을 먹은 사람이 차지한다. 좋은 자리에 눈길을 주고 계속 그 자리에서 가장 가까운 데에서 기다리고 있는 사람이 결국은 차지한다.
　염라대왕이 죽는 순간이다. 염라대왕이 되기를 원력 세운 사람이며, 가까이서 가장 큰 원력으로 대기한 사람이다. 원력을 크게 세운 데에는 그 누구도 당해낼 재간이 없다.

원력은 곧 생명의 힘이다.
삶의 강한 에너지는 무엇으로부터 오는가.
재미이다. 흥미이다. 놀이이다.

재미를 붙인 일에는 에너지가 분출한다. 흥미가 곧 공부인 학생은 행복한 학생이고 수행이 곧 놀이인 수행자는 행복한 수행자이며, 삶을 즐기며 놀이처럼 살았을 때 만족스런 삶이다.

매일 잠자리를 털고 일어날 때마다 한가지 원을 세운 사람과 그렇지 않은 사람의 차이는 적지 않다. 불보살의 공통 원력은 곧 사홍서원이다.

> 중생을 다 건지오리다
> 번뇌를 다 끊으오리다
> 법문을 다 배우오리다
> 불도를 다 이루오리다.

특별한 원이 있는 사람은 여기에 덧붙이며 아란야 오계를 생각해도 좋을 것이다.

"손에는 일을 줄일 것이며, 몸에는 소유를 줄일 것이며, 입에는 말을 줄일 것이며, 대화에는 시비를 줄일 것이며, 위에는 밥을 줄일 것이니라."

경에서 말한다.

'적은 원력은 적은 성과를 가져오고 큰 원력은 큰 성과를 가져온다.'

지금 당장 실천이 어렵더라도 원력은 보다 크게 세울 일이다. 강한 원력의 씨앗은 반드시 여물 날이 있을 터이다.

알부자 이야기
― 해인 동문지에 실린 초대석의 글 ―

우선 동문 여러분과 이야기를 나누게 되어 기쁩니다.
비오는 이른 새벽에 홀연,
"아, 세월이 참 빠르구나!"
하고 회상하는 시간입니다. 그런대로 후회가 없습니다만.

현당玄堂에서 책상을 맞대고 나란히 앉아 치문緇門 사집四集 등을 소리내어 공부하였던 때가 생각나네요. 강의 도중에 다른 강사로 바뀌긴 하였으나 한때 치문 강사는 보광普光 스님, 사집 강사는 무비無比 스님이셨지요.

강원 학인이 되어 다시 이 길을 걷는다고 해도, 역시 똑같을 것 같습니다. 강원 시절에 보람 있었던 시간은 현장玄藏 스님, 홍선興善 스님, 종묵宗默 스님 등과 편집위원의 한 사람으로 〈해인〉지를 창간한 일이지요.

그 다음이 행자실 중강으로 초심初心을 강의하면서 〈초심 강의본〉을 엮은 일입니다. 〈초발심 자경문 강설본〉은 강원 졸업 이후 10년쯤 지나 출간한 책입니다.

서로간에 죽마고우 같은 생각이 들어 만나면 흔히들 말합니다.
"강원 도반의 정겨움은 율원, 선원의 도반보다 깊지요."
매년 동창회에서 도반을 만나는 즐거움이 더 늘어갑니다.
요즘 생각은 이렇습니다.

"나무자비칭찬보살마하살南無慈悲稱讚菩薩摩訶薩!"

복과 덕은 남을 칭찬하는 데서 생긴다는 뜻이지요. 진정 도반의 칭찬 한마디가 사람을 밝게 만들고 사회를 밝게 만듭니다.

불법을 알되 사람을 모르면 작은 스승이고, 사람을 알되 사회를 모르면 보통 스승이고, 불법과 사람과 사회를 잘 아는 스승이 큰 스승입니다. 여기 큰 스승은 경에서 익히 배운 대승 보살의 다른 표현입니다.

이제, 남기고 싶은 말입니다.

지나가는 나그네의 객담 정도로 들어주시오. 깊이 귀담아 새길 말이 아닙니다. 학과 공부 준비하랴, 시험보랴, 골치 아픈데 그냥, 이렇구나! 하는 정도입니다.

창밖에는 지금 비가 내립니다. 이 비가 내리고 나면 산하대지가 곧 말끔해지겠지요. 조금 전에 비오는 산길을 걸으면서 법성게 한 구절을 생각하였습니다.

부처가 허공 가득히 황금 보화 뿌려도	雨寶益生 滿虛空
중생은 제 그릇만큼 큰 이익을 얻나니.	衆生隨器 得利益

작은 컵은 작은 컵만큼 얻습니다.

큰 양동이 그릇은 큰 양동이 그릇만큼 얻습니다.

그러나 산하대지는 전체를 다 얻습니다.

이것이 열린 마음입니다.

출가자는 자칫 옹졸해지기 쉽습니다.

그런 사람은 숲속에서 나무를 보지 못합니다. 직업적인 것을 털어버리고자 출가한 사람이 새로운 직업인이라니! 아이러니하다고나 할까요. 본인 스스로도 미처 생각하지 못한 점일 것입니다.

헌데 일상 타성에 젖으면 출가라는 직업인이 됩니다.

글자로 살펴보면, 도道와 돈, 법法과 밥은 받침 하나와 점 하나의 차이지만 결과에서는 천지 차이입니다.

아침마다 거울 앞에서 제 얼굴을 보듯 숲속에서 나무를 봅시다. 출가의 발심을 새롭게 하는 것이지요. 옛 스님이 삭발한 머리를 아침마다 만져보고 스님임을 확인하였듯이.

영가永嘉 현각玄覺 스님 법문에, 가지 치고 잎 따는 일은 하지 않는다는 유명한 말씀이 있지 않습니까. 나무 밑둥을 쳐서 단번에 넘어뜨려야 출가자의 충천하는 기상입니다. 이름과 모양에 팔리지 않는다는 뜻입니다.

역사가 되풀이 되는 것처럼, 모양과 이름에 팔리는 선배들을 탓하다가 어느덧 세월이 흘러 자신도 역시 뒷사람에게 지탄을 받는 일이지요.

강원 학인 시절은 풋풋한 봄보리 같은 마음입니다. 그때 선근 인연이며 구구절절 좋은 법문이 새롭습니다.

마지막으로 알·부·자 이야기로 마칠까 합니다.

가난해 보이지만 실제로는 알부자입니다. 춥고 배고픈 처지지만 부처의 큰 유산을 물려받은 알부자란 말입니다.

우리가 바로 알부자입니다.

알면서 오히려 부처를 묻고 있는 자란 말입니다. 마치 소를 타고 소를 찾는 어리석은 이, 손안에 만년필을 쥐고 만년필을 찾는 어리석은 이지요.

스스로 내 안에 다 갖추어진 불성佛性, 법성法性, 자성自性. 간장 맛이 짜고 설탕 맛이 단 줄 알면 모두가 다 부처입니다.

그러나 생각이 그릇되고 행동이 그릇되고 말이 그릇되면 부처도 대 마구니이고 생각이 바르고 행동이 바르고 말이 바르면 대 마구니도 부처입니다.

이름과 모양에 한눈을 파는 어리석음을 금강경에서는 누누히 밝힙니다.

이름과 모양은 거짓입니다. 그림자이고 환상입니다. 이름과 모양에 휩쓸려 명예 이익을 쫓아서는 출가 정신을 살리기가 어렵지요. 이름이 있으면 반드시 모양이 있고 모양이 있으면 반드시 이름이 있습니다. 따라서 모양과 이름은 둘이 아닙니다. 중생은 부처라는 모양과 깨달음의 이름에 팔려 사는 사람입니다.

큰 바다가 만약에 만족해버리면	大海若知足
반드시 백 천 강물은 거슬러서 흐른다.	百千應倒流

이 말은 불보살님의 과거 인행시 내용입니다. 중생을 위해 보살행을 실천하는 입장에서는 단것, 쓴 것 모두를 다 거둬들입니다.

자칫 언어와 문자에 얽매이면 시야가 좁아지고 흐려집니다.

열린 마음으로 학인 시절을 보낸다면!

늘 숲속에서 나무를 보면 마음이 열립니다.

제5장
용수보살 참회문

은행나무 바리때

지장재일에 천봉산 대원사에 들렀다가 주지 스님에게 들은 영가의 5신통 이야기를 정리한다.

첫째, 천도재 직전에 열쇠 찾은 스님의 이야기이다.

천도재를 앞둔 시간이다. 주지 스님이 주지실에서 나오는데 시간이 좀 늦어졌다. 왜냐하면, 잃어버린 열쇠를 찾고 또 찾다가 그만 늦은 탓이다. 이렇게 열쇠를 못 찾은 주지 스님은 열쇠만을 생각하고 법당에 들어가 천도재를 모셨다.

그날 밤이다. 꿈에 영가가 나타나 주지 스님에게 말하였다.

"스님, 먹을 건 안 보였어요. 그런데 웬 열쇠만 가득 쌓였습니다."

법주의 마음이 열쇠에 가 있으니 그럴 수밖에 없는 일이다.

둘째, 고급 밍크코트를 입은 여자 이야기이다.

천도재가 있는 날이다. 영단 앞에는 소복을 차려입은 사람들이 앉아있었고 그 맨 앞자리에 웬 밍크코트를 잘 차려입은 멋쟁이 여자가 앉아 있었다.

천도재를 지내는 시간에 밍크코트를 보고 잠깐 사이에 사람들이 이런 생각을 내었다.

"아, 좋은 밍크코트네!"

"참, 멋지다!"

영가는 이 천도재에 초청받아 왔다가 먹을 것이 하나 없어서,

꿈에 나타나 말하였다.

"스님, 상에는 먹을 건 없고 큰 가죽, 작은 가죽만 쌓여 있었어요!"

사람들이 천도재 시간에 밍크코트를 생각한 까닭이다.

천수경에서 말한다.

티끌이 하나도 없는 청정한 도량에 　　道場淸淨 無瑕碍
삼보와 천룡이 여기 강림하소서. 　　三寶天龍 降此地

티끌은 번뇌이며, 번뇌는 108가지이다. 기본으로 작게 줄이면 탐진치貪嗔痴 세 가지. 이런 까닭에 108배 참회의 절이란 말이 있다.

세속의 독서백편 의자현讀書百遍 意自現이란 말과도 통한다. 백번 읽으면 모르는 뜻이 저절로 드러난다는 뜻이다. 또한, 시 백편을 외운 사람은 시인이란 말이 있다. 시 백편을 외우면 절로 입에서 시가 나온다는 뜻이다.

100이란 숫자는 달인達人을 만드는 숫자이며, 인도의 108이란 숫자 역시 마찬가지이다.

일본 한 선종의 경우, 100개의 화두를 통과한 사람은 깨달은 사람으로 인가한다. 일주일 단위로 화두를 바꿔 주면서 지도하는 방법이다.

이와 같이 한 치 흐트러짐이 없는 마음을 다스리기 위해서는 좋은 방법이 있다. 절을 해도 108번 절하고 염불을 해도 108번 염불하고 화두를 들어도 108번 화두를 든다. 무의식중에 공부인이 공부를 잊다가 생각이 떠오르면 108번이다.

달마도 사품四品

　기氣가 웰빙이란 바람을 타고 달마도達磨圖에까지 번져 바야흐로 기氣 달마도가 각광을 받고 있다. 달마도는 그림과 달마 대사 정신이 아우러진 선화禪畵이다. 달마 대사 정신은 무공덕無功德[1]과 불식不識[2]이 대표이고 또한 관심일법 총섭제행觀心一法 總攝諸行[3]과 백척간두 진일보百尺竿頭 進一步[4], 일일시호일日日是好日[5]도 좋은 선화제禪話題이다. 달마도는 입체감와 생동감이 절정을 이뤄서 정물과 평면성에 떨어지면 선화의 품격이 낮아진다. 예를 들면, 르네상스의 삼대 예술가의 한 사람인 레오나르도 다 빈치는 화가였으나 해부학에도 전문가 수준을 넘었다는 사실이다. 수삼년 전에 한 문인화 전시장을 돌아본 법정 스님은 말하였다.

　"뎃상의 기초가 없는 스님의 그림은 발전이 적다."

　5년, 10년이 지나면 그 차이가 커진다. 해부학에 조예가 없고 뎃상의 기초가 잡히지 않은 사람은 달마도 선화에서도 떨어진다. 물론 선에 정통한 선사의 선화는 예외일 것이다. 선의 정신이 살아있어서 그 생동감 하나로 모두를 카버하기 때문이다. 취향에 따라 우리나라에서 으뜸가는 달마도 사품을 꼽아본다. 일반적인 가치나 우열을 논평하는 것과는 다른 입장에서이다. 옛부터 풍류객은 그림 그리기, 글씨 쓰기, 낙관 새기기, 시를 짓기, 시를 노래로 읊기 등 다섯 가지를 두루 갖춘 멋을 아는 사람으로 통하였다. 그러나 모두를 다 잘 할 수가 없어 다음과 같은 말이 있다.

"글씨를 잘 쓰는 사람이 그림까지 잘 그리는 경우가 적고 그림을 잘 그리는 사람이 글씨까지 잘 쓰는 사람이 적다."

달마도 사품의 첫째는, 조선시대 김명국金明國 처사의 달마도이다.

국립박물관 1년 예산을 투자하여 일본에서 사들인 달마도로 유명하다. 달마 대사 정신에 걸 맞는 전문 화가의 빼어난 솜씨는 만대를 두고 달마 명품으로 남을 것이다. 한국 사람으로서 퍽 자랑스러운 일이다.

둘째는, 대흥사 일지암 초의草衣 스님의 달마도이다. 문인화이면서 정밀화이다. 글씨가 뛰어났다. 선禪, 다도茶道, 불화佛畵, 서예書藝 등 다재다능하고 풍류의 멋을 아는 초의 스님의 일면을 보여 준다.

셋째는, 부산 선주산방 석정石鼎 스님의 달마도이다. 석정 스님은 불화가로서 생존자 가운데 제일인자이며 무형문화재이다. 옥의 티와 같은 문제는 그림 전체 방향이다. 갈대 잎이 앞으로 나아가면 옷자락이 뒤로 펄럭이는 게 이치이나, 도강도渡江圖의 달마 대사 옷자락에서 펄럭이는 방향이 갈대가 나아가는 방향과 거꾸로 그려지는 오류를 범하였다. 입체가 아닌 평면성이나 선화의 간략한 솜씨가 돋보인다. 전통 필법이 아닌 죽엽필竹葉筆 역시 석정 스님의 장점이다. 누가 뭐라고 해도 석정 스님은 이 시대 국민 선화가이다.

넷째는, 인천 용화사 송담松譚 스님의 달마도이다. 달마 반신상에서 스님의 고결한 수행 정신이 배어나온다. 달필인 화제의 글씨는 그림과 조화를 이룬다. 다재다능하고 풍류의 멋을 아는 송담

스님은 이 시대 제2의 초의 스님이 아닐까 한다. 달마도가 중생의 마음속에 기를 불어넣어주는 양약이라는 데에 또 하나의 방편이라고나 할까.

1) 무공덕無功德 — 공덕이 없다는 뜻.
양무제가 묻는다.
"절을 짓고 공양을 올린 공덕은 얼마나 됩니까?"
달마 대사가 대답한다.
"공덕이 없습니다."
상相에 사로잡힌 양무제는 세속의 법을 생각하나 상을 떠난 달마 대사는 출가법을 생각하며 무공덕이라고 직설한다.

2) 불식不識 — 모른다는 뜻.
다시 양무제가 묻는다.
"내 앞에 있는 자는 누구입니까?"
달마 대사가 대답한다.
"모릅니다."
서로의 대화가 막혔다. 세속법과 출가법은 본래 하나이지만 두 사람의 대화는 여기서 끝장난다. 불식은 달마 대사가 양무제에게 준 화두일 것이다.

3) 관심일법 총섭제행觀心一法 總攝諸行 — 마음을 관찰하는 한가지 일이 천만가지를 다 해결한다는 뜻.
마음 공부가 모든 것을 다 해결한다. 마음이 모든 것을 다 창조한다.

4) 백척간두 진일보百尺竿頭 進一步 — 백척의 장대 끝에서 한걸음 더 나아가라는 뜻. 높이 오르는 최종 목표를 백척의 긴 장대에 둔 사람이 마지막에 백척의 장대 끝에 올라 서 있다. 그러나 여기에 머물지 않는다. 한 걸음 더 허공으로 거뿐하게 내딛어야 한다. 이런 사람이 바로 충천하는 기상을 가진 대장부라는 뜻.

5) 일일시호일日日是好日 — 날마다 좋은 날!
운문雲門 스님이 묻는다.
"지나간 15일은 묻지 않겠다. 앞으로 다가올 15일은 어떤가?"
대중이 말이 없자 다시 사자후한다.
"일일시호일!"

십 념

　무엇이나 반복하는 데서 힘이 솟는다. 십념十念의 예를 들면, 나무아미타불 염불이나 화두話頭를 드는 일이 이와 같다.
　나무아미타불, 나무아미타불, 하고 백날 염불을 하는 사람이 하면 할수록 힘이 솟고 기쁨이 있어야 진짜지, 그렇지 않으면 가짜다. 특히 임종시에 하는 염불 십념의 의미는 매우 깊다.
　화두를 드는 일은 또 어떠한가. 무無! 하고 앉으나 서나 참선을 하는 사람이 하면 할수록 힘이 솟아나고 의문이 커져야 진짜지, 그렇지 않으면 가짜다. 재미있는 TV 프로의 하나. 맛있는 음식을 생각하고 그 음식 이름을 열 번 부르기인데,
　"냉면, 냉면, 냉면……냉면." 하고 열 번을 부른다.
　혹은 "청국장, 청국장, 청국장……청국장." 하고 열 번을 부른다. 그 다음에 펀치를 휙 날려서 게임기 큰 글러브를 쳤을 때, 수치가 높이 올라간다. 물론 그 이전, 그러니까 맛있는 음식 이름을 부르지 않고 펀치를 날렸을 때보다 얼마쯤 높다는 뜻이다. 이 결과에 대해서는 여러 사람이 같다.
　남녀노소, 힘이 센 사람이나 힘이 약한 사람이나 마찬가지이다. 살아가면서 힘이 들 때이다. 존경하는 사람, 사랑하는 사람을 생각할 때마다 힘이 난 경우가 있다. 어린 아이는 어머니를 생각하고 크게 부르면 힘이 난다.
　이 모두가 삶의 의지처를 삼은 까닭이다. 화엄경 정행품淨行品에

서는, 보살은 언제나 발원發願을 잊지 않는다.

밥을 먹으나 뒤를 보나 "……하기를 발원." 하고 발원을 한다. 이 까닭을 문수 보살이 지수 보살에게 이야기한다. 구도의 길을 나서서 중도에 포기를 하지 않고 초발심을 잘 가꾸어 성불의 열매로 맺기 위해서는 항상 발원을 잊지 않아야 한다고 한다.

인의자실忍衣慈室이 바로 이 뜻이다.

옷을 입으면서는 보살의 인욕忍辱을 생각한다.

옷을 벗어버리면 남에게 자기의 추한 모습을 보여서 스스로 부끄럽다.

방에 들어가면서는 보살의 자비심慈悲心을 생각한다.

타인을 노숙露宿하게 하면 추위를 느끼게 만든다. 이런 까닭에 공양을 하면서는 오관게五觀偈를 하고 해우소解憂所에서는 입측入廁 오주五呪를 한다. 보살의 힘은, 소유所有를 하면서는 나와 이웃이 함께 계정혜戒定慧 삼학三學을 소유할 것을 생각하고 버릴 때에는 탐진치貪嗔痴 삼독三毒을 버려 해탈解脫할 것을 생각하는 데서 보리심이 솟아난다. 옛날 뱀을 잘 그린 화가가 죽어서는 정말 뱀이 되었다는 일화가 있는데 그 까닭은 무엇인가. 물론 화가가 평생 익힌 업業이 뱀이었기 때문이다.

달리는 말을 잘 그린 화가 역시 다음 생에서 말이 되었다는 이야기를 들었다. 말만 그릴 줄 알았지 말에 대한 발원이 없다면 그

럴 수밖에 없다.

"뱀의 지혜로 교화하기를 발원."

"말의 쾌속으로 깨닫기를 발원."

이런 발원이 정행품의 가르침이다. 새우를 그릴 때에는 왕새우의 껍질 벗는 교훈을 생각한다. 새끼 새우가 차츰 자라서 껍질 벗는 과정을 무난히 겪고 이후 크게 왕새우로 변신하기 때문이다. 새우를 그리면서 새우 업만 익힌다면 다음 생은 알만한 일이다. 여기서 손 모아, 이 글을 읽는 모든 사람이 청정한 부처님 세계를 손금 보듯 훤히 보기를 발원한다.

나무아미타불.

여름 수련회

송광사 수련회에 주임 지도법사로 동참한 소감이다.

조계산 계곡에 자리한 사자루가 수련장. 여기서 구산 스님과 법정 스님의 원력으로 송광사 여름 수련회가 태동하여 우리나라 명문 수련장으로 발돋음 하였다.

송광사는 정진 대중이 150여 명 모여 지내는 여름 안거 기간.

선원 강원 율원에는 눈푸른 납자가 무더위에 불도 정진에 매진하고 있다. 사자루 안에서도 마이크 사용을 자제해 줄 것을 사중 스님네가 조심스럽게 당부하였다. 그리하여 선창 후창의 방법으로 1080배를 진행하는 새 방법이 나왔다. 반은 선창을 하고 반은 후창을 하였다. 절할 때 염불은 석가모니불이다.

의외로 효과가 있었다. 수원 아란야에 돌아와서 다시 써보았는데 적은 수에도 가능하였다. 돌림노래를 연상하면 된다.

이 방법은 중국 절에서 이산 선사 발원문을 할 때 쓰는 방법이다.

우리는 한사람이 낭송하지만 중국은 그렇지 않다. 좌우 반반으로 나눠서 번갈아가며 한 소절씩 낭송하면서 절을 한다. 마치 선창 후창법과 같다. 사람이 많을수록 더 장엄하였다.

수련생이 혹 정진 대중을 방해할까봐 지도법사는 4박5일 내내 살얼음을 딛는 심정이었다.

묵언은 수련생 본인이 급수를 나눠 결정하도록 하였다. 스스로 1급, 2급, 3급을 결정하여 명찰에 표시한다. 금년에 처음 시도해

본 것인데 반응은 좋았다.

㈎ 1급 묵언 수련생

처음부터 끝까지 말이 없는 사람이다.

㈏ 2급 묵언 수련생

공양게와 예불문을 하고 강의 도중에 법사 스님에게 질문하는 사람이다.

㈐ 3급 묵언 수련생

필담을 하는 사람이다. 하고 싶은 말은 글로 써서 전달한다.

이와 같이 수련생의 수련을 도와주는 입장에서 수련이 진행된다.

송광사는 4박5일 동안 수련생에게 필요한 프로그램을 제공하고 다시 가정에 돌아가 열심히 수행하는 자세로 지낼 수 있도록 도움 주는 것이 수련회의 첫째 목적이다. 수련생이 가정에 돌아가 종교생활에 변화를 갖도록 하는 것이다. 매일 108배를 하든지 좌선을 하든지 하여 생활이 전보다 달라진다면 성공이다.

여름 수련은 짧은 기간에 이것저것을 많이 가르치기보다 하나라도 분명히 해두는 게 효과적일 것이다.

특히 송광사만이 가진 조계산 가풍의 특성을 살려 좌선 수행이 집중되고 마지막 날 철야 정진 1080배가 하이라이트이다.

1080배를 할 때에는 아홉 달 된 산모도 동참하였으나 역부족으로 뒤에 쳐졌다. 수련생 102명 가운데 20명 정도가 따라오지 못하고 나머지는 성공!

땀으로 먹을 감고 밤새워 절을 하고난 수련생 얼굴에서는 저마다 환희의 기쁨이 충만하였다.

기억나는 수련생

부인이 남편의 신심을 일으키기 위해 7년 동안 준비해 함께 수련을 한 경우가 있었다. 제주도에서 온 세 가족 수련생이다. 부인의 간절한 노력의 결실이다.

아프다고 울며 밖으로 나온 수련생.

갑자기 배가 아파서 견디지 못한 경우이다. 이야기를 나눠 달래서 다시 수련장 안으로 들여보내고 나서 지도법사의 보호자 역할에 대해 생각하였다. 나이에 상관없이 피교육자가 되면 누구나가 어린애가 된다는 사실이다.

남자 수련생은 도중하차.

직장일로 간다는 게 변명의 이유이다. 참을성이 부족한 게 탈이다. 특히 여자보다 적은 수의 남자이지만 수시로 호소한다.

"스님, 아파서 죽겠어요."

"저는 일이 있어서 집에 가야 하겠습니다."

다음 수련회에 과제가 남아있다.

왜 남자는 여자보다 약한가.

악으로 버티는 여자에게 남자는 늘 열등할 수밖에 없을까.

어떻게 이 문제를 해결할 것인가. 해답은 간단하다.

우선 태교를 잘할 일이다. 어머니가 아이를 가졌을 때 수련하는 정신으로 부처님께 지극지성 귀의하는 것이다.

다음으로 부모가 어렸을 때 인욕 하는 교육을 가르쳐야 한다.

    기를 죽인다고 오냐 오냐 하고 버릇없이 키우는 주위 부모들을 돌아본다. 최소한 초등학교 들어가기 전에 인욕 교육이 잡혀야 한다. 중학생 때는 이미 늦다.

    고등학교 대학교 때는 반항심만 키우게 한다.

    수련을 하고 남기는 말이 있다.

    "부모들이여,

    자식이 귀하게 여겨지거든 그럴수록 더 사랑의 매를 드십시오."

수련의 과제, 참나

쉽지 않은 이야기이나 시작해야 할 것 같다. 여름 수련회가 절마다 열리는 건 좋은 일이나 〈참나를 찾아서〉하는 구호는 썩 좋은 표현이 아니다.

구호대로라면 부처님 밥을 먹이고 절에서 수련을 시키면서 그들 수련생에게 명상을 가르치는 명상 교실이 된 셈이다.

수련 지도 법사는 과연 부처님의 바른 가르침에 눈을 뜨고 있는가 시대의 흐름에 따라 교리도 다른 방향으로 변한다. 잘못 이해하면 초기 불교의 가르침이 대승 불교 입장에서 볼 때, 하나의 소승 쪽에 떨어졌다고 결론 짓는 모순이 생긴다.

쉬운 예를 들어본다.

선종에서는 거두절미去頭截尾하는 선어 외에 이론적인 가르침을 들어 알음알이라고 일축한다. 여기에 부처님의 말씀까지 포함하고 있다. 자칫 오해해서 불제자가 스승이신 부처님의 가르침까지 알음알이라고 일축하는 모순이 생긴다. 그러나 교리 발달은 자연스러운 물 흐름처럼 변한다.

아미타불 염불종과 참선의 선종은 확실히 실천적이고 강한 힘이 있어, 번뇌 망상이 극심한 중생에게 특효약이다. 선종에서 우리 한국 선방이 화두선을 기본으로 삼는 것은 〈참나를 찾아서〉란 명상을 떠나 활발한 활로를 개척한 장점이 있다. 명상과 선은 구별점이 분명하다.

명상이 메디테이션meditation으로, 마음을 고요히 하고, 순수하게 하고, 깨끗하고, 맑게 하여 깨달음을 얻는 여성적인 수련 방법이라면, 선은 컨센츄레이션concentration으로, 주의 집중, 정신 통일, 확고한 의지를 바탕으로 한 의문을 뿌리 채 파헤쳐서 깨달음을 얻는 남성적인 수련 방법이다.

출발에서부터가 다르다.

참나를 찾는 명상에서는 진아眞我란 유有의 입장 쪽으로 떨어지나, 시심마是甚麼 같은 철저한 화두선에서는 유무有無 어느 쪽도 없앤다. 이렇게 시작이 다르다. 고봉 스님의 시심마 가르침을 살펴본다. 시심마의 우리말 〈이 뭣 꼬?〉 혹은 〈이 뭘 까?〉는 다음의 줄인 말이다.

"이 죽은 시체를 끌고 왔다가 끌고 다니는 이 놈은 무엇인고?"

밑바탕까지 남기지 않는 화두선은 〈참나〉를 미리 설정한 명상과 차이가 처음부터 분명하다. 금강경에서 말한다.

모양이 있고 이름이 있는 것은	凡所有相
모두가 다 거짓되고 헛된 것	皆是虛妄
만약 모양을 보고 공空을 깨닫는다면	若見諸相 非相
바로 이런 견해가 부처님의 견해니라.	卽見如來

용수보살 참회문 241

부처의 근본인 상이 없는 법신法身은, 법신이라는 이름 역시 마땅치 않다.

상이 없기에 법신이라는 사실을 깨달는다면 〈참나〉 진아眞我 역시 공한 것임을 알 것이다. 대지도론에서 공에 탁견을 보인 용수보살은 말한다.

"진여법성眞如法性 불가득공不可得空. 변치 않는 절대의 바탕, 연기하는 성품은 얻을 수 없는 공이다."

불교의 세 가지 본질

불교를 한마디로 말한다면 마음 심心, 한 글자이다. 마음을 깨달아 부처를 이루고 마음이 어리석어 중생에 떨어지기 때문이다. 그리하여 불보살과 조사는 하나같이 말한다. 심즉시불心卽是佛 심외무불心外無佛. 마음이 곧 부처이다. 마음 밖으로 따로 부처가 없다.

여기서 논리적으로 불교를 말한다면 다음 세 가지가 불교의 본질이다.

(개) 이고득락離苦得樂

고苦를 떠나 낙樂을 얻는다.

육신의 고통과 마음의 고뇌를 떠나 열반락을 누린다.

사성제四聖諦의 가르침이다.

(나) 전미개오轉迷開悟

미혹迷惑함을 돌이켜 개오開悟한다.

미혹한 마음을 전환하여 부처님 지견知見을 열고 부처님

지견知見을 깨닫는다. 12연기緣起의 가르침이다.

(다) 지악수선止惡修善

악惡을 그치고 선善을 닦는다.

악행을 하지 않고 선행을 부지런히 쌓는다. 5계戒 등의 가르침이다.

용수보살 참회문

산철 어느 날 지대방에서 차를 마시는 시간이었다. 후배 원原 스님은 평소 존경하는 구참 선배 스님에게 도움을 요청했다.
"어떻게 해야 할지 모르겠습니다."
이렇게 서두를 떼어놓고 근심 찬 시선을 선배에게서 떼지 않았다. 마치 어린애가 어머니에게 매달리는 모습이다.
여기서 말하려는 것은 간단한 참회법이다.
공부하는 수좌가 허물을 간단히 참회 하는 것으로 공부에 큰 도움이 되었다는 하나의 예이다.
이제 갓 선방에 들어온 초심자 원 스님 이야기이다. 언제부터였을까. 생기를 잃은 한 여자의 영상이 그림자처럼 따라 다녔다. 선방 안에서도 선방 밖에서도 화두 공부가 좀 될만하면 여자의 모습이 눈앞에 어른거렸다. 화두 공부 보다 이것이 더 힘들었다. 그리하여 하루하루 해제만을 기다렸다.
무슨 인연 때문인가. 여자는 출가 전에 사귄 사람이었다. 처음에는 직장 동료였는데 오빠, 오빠하고 잘 따랐다. 헌데 연말에 고속도로에서 교통사고로 20세를 막 넘긴 그녀는 저 세상 사람이 되어버렸다. 다행히 한 차에 동승한 그는 큰 상처 없이 무사하였다.
이 일이 공부의 마장일 줄이야!
그 후 한해가 지났다.
선방에서였다. 처음에는 잠을 잘 때에 좀 잊을 만하면 꿈에 나타났다. 죽은 듯이 병실에 누워있는, 타계 직전의 초췌한 여자는 보기에도 섬뜩하였다. 꿈을 꾼 뒷날에는 공부가 영 되지 않았다. 그러다가 생시에도 비몽사몽간에 나타나 그를 괴롭혔다.

원 스님은 정말 여자 영가 때문에 미칠 지경이었다.

선배 스님은 이야기를 찬찬히 듣고 나서 다음과 같이 영가의 5신통 이야기를 하며 천도재를 권하였다.

첫째, 호명즉지呼名卽至, 이름을 부르면 즉시 온다.
영가는 제 이름 소리를 들으면 천리만리 떨어진 곳에서도
옆방에서 온 것처럼 즉시 다가온다.

둘째, 혜안천리慧眼千里, 혜안으로 천리를 본다.
영가는 혜안으로 천리만리를 내다보아서 모르는 것이 없다.

셋째, 장벽무애障壁無碍, 장벽에 걸림이 없다.
육신이 떨어져 나간 영가는 바람이 그물을 통과하듯이
장벽을 걸림이 없이 통과한다.

넷째, 지인심명知人心明, 사람의 마음을 밝게 안다.
타심통他心通을 한 영가는 사람의 마음을 환하게 안다.

다섯째, 족불리지足不離地, 발이 땅을 여의지 않는다.
사람의 습업習業이 남아있는 영가는 걸어 다니는 것처럼
생각하고 땅을 벗어나지 않는다.

천도재를 지내기 전에 49일 동안 용수보살의 참회문을 매일 아침 읽도록 권하였다. 다음은 그 내용이다.

발심한 보살이 허물을 참회하는 법

시방세계에 계시는 여러 부처님께서는
아뇩다라삼먁삼보리를 얻고 법륜을 굴리시며
법비를 내리고 법북을 치며
법소라를 불고 법의 당기를 세우시며
법보시로 중생들을 만족시켜 이익과 편안함을 주시며
세간을 가엾이 여기시어 천상 인간을 이롭게 하십니다. (절)

불자는 이제 몸과 입과 뜻으로써 땅에 엎드려
현재의 여러 부처님의 발에 절합니다.
여러 부처님, 허물을 아시는 분이시고, 허물을 보시는 분이시여,
부처님은 세간의 눈이시고, 세간의 등불이십니다. (절)

제가 옛 겁부터 나고 죽는 동안 일으킨 죄업은
탐냄과 성냄과 어리석음으로 지은 까닭에
혹은 부처님을 알지 못하고 불법을 알지 못하며
승가를 모르기도 하였으며
혹은 죄와 복을 모르기도 하였으며
혹은 몸과 입과 뜻으로 여러 허물을 많이 짓기도 하였으며
혹은 악한 마음으로 부처님 몸에 피를 내기도 하였고
혹은 바른 법을 비방하여 없애고 승가를 깨뜨리고
진인眞人인 아라한을 죽이기도 하였습니다. (절)

혹은 자신이 십악 법으로, 살생과 도둑질과, 사음과 거짓말과
꾸밈말과 이간질과 악독한 말과, 욕심과 성냄과
어리석음 등을 행하기도 하였고
남을 시켜 행하게도 하였으며
혹은 다시 따라 기뻐하기도 하였고
또 중생들에게 자비롭지 못한 말을 하고
말과 저울을 속여서 사람을 해쳤고 여러 가지 삿된 행으로써
중생들을 괴롭히고 어지럽히기도 하였으며
혹은 부모님에게 불효하기도 하였습니다. (절)

혹은 탑의 물건과 승가의 물건을 훔치기도 하였고
부처님이 말씀하신 경전과 계율을 혹은 더럽히고 없애며
선지식과 스승을 거역하고
어떤 사람이 소승의 성문과 벽지불의 마음을 내거나
혹은 대승의 마음을 내면
악한 말로써 헐뜯고 욕하며, 업신여기고 싫어하기도 하였으며
마음이 어리석음으로 가려진 까닭에
여러 부처님께 혹은 옳지 않은 말을 하기도 하였습니다. (절)

혹은 옳은 법을 그른 법이라고 말하였고
그른 법을 옳은 법이라고 말하기도 하였는데
이제 이런 허물을 아시는 분이시고,
허물을 보시는 분이시여, 증명하시는 분이시여
현재의 부처님께 모두 다 드러내어 감히 감추지 않으며

지금부터는 다시 짓지 않겠습니다. (절)

만약 저에게 허물이 있어서
지옥, 축생, 아귀, 아수라에 떨어지고
부처님 삼존三尊을 친견하지 못하며
여러 어려운 데에 태어나더라도
바라옵건대, 이 허물의 과보는 지금 이 세상에서 받겠습니다. (절)

과거의 여러 보살로서 부처님의 도를 구하셨던 분이
악업의 허물을 참회하는 것처럼
저도 이렇게 밖으로 드러내어 참회하면서 감추지 않으며
뒤에 다시는 짓지 않겠습니다. (절)

지금의 여러 보살로서 부처님의 도를 구하고 계시는 분이
악업의 허물을 참회하는 것처럼
저도 이렇게 밖으로 드러내어 참회하면서 감추지 않으며
뒤에 다시는 짓지 않겠습니다. (절)

미래의 여러 보살로서 부처님의 도를 구하려는 분이
악업의 허물을 참회하는 것처럼
저도 이렇게 밖으로 드러내어 참회하면서 감추지 않으며
뒤에 다시는 짓지 않겠습니다. (절)

나무 현재 즉심시불 (3배)

전삼삼 후삼삼

채련곡採蓮曲

― 이백李白 ―

약야 연못가에 연꽃 따는 여자들	若耶溪傍 採蓮女
연꽃 사이 웃음 머금고 옆 사람과 이야기한다	笑隔荷花 共人語
햇빛은 새 단장한 얼굴 비쳐 물 밑까지 투명하고	日照新粧 水底明
바람은 향기로운 소맷자락을 공중으로 날린다.	風飄香袖 空中擧
뉘 집 남자들인지 언덕 위에 올라	岸上誰家 遊冶郞
수양버들 사이로 삼삼오오 비치다가	三三五五 映垂楊
흩날리는 꽃잎 속으로 말굽 울리며 사라지니	紫騮嘶入 落花去
공연히 이를 보고 애간장만 태운다.	見此躊躇 空斷腸

🌿 강설

삼삼오오란 말이 나온다. 글자대로 세 명 혹은 다섯 명으로, 보통 서너 명이 모인 것을 말한다. 또 다른 경우에 선구禪句로 전삼삼前三三 후삼삼後三三은 몇 명인가.

첫째, 서너 명 정도이다.

둘째, 서른세 명 정도이다.

셋째, 그저 그런 정도이다.

그러나 선구는 논리로 풀이를 하는 것이 아니다.

조사서래의祖師西來意 화두에서 정전백수자庭前栢樹子가 있다.

달마대사가 인도 땅에서 중국으로 건너오신 까닭을 물었다. 이 때 대답한다.

"뜰 앞의 잣나무!"

무슨 잠꼬대인가? 허나 깊은 뜻이 있다. 왜 조주 큰 스님은 이렇게 대답하셨을까? 장난이 아니다.

대개의 경우 논리성 있는 대답이 나온다.

첫째, 선법을 펴시려고 오신 것이다.

둘째, 스승의 분부를 받들어서 오신 것이다.

셋째, 무슨 목적인지는 뚜렷이 알 수 없으나 분명히 목적이 있어서 오셨을 것이다.

그러나 정전 백수자! 하신 조주 큰 스님의 대답은 천고에 값하기 어려운 법문이다.

만일 조주 큰 스님의 뜻을 바로 안다면 고불 조사와 뜻을 같이 한 것이니, 곧 깨달음의 성취인 것이다.

전삼삼 후삼삼!

과연 몇 사람을 말하는 것인가?

심우도 尋牛圖

一. **심우**(尋牛, 소를 찾다)

茫茫撥草 去追尋　　水闊山遙 路更深
망 망 발 초 거 추 심　　수 활 산 요 로 갱 심

力盡神疲 無所覓　　但聞楓樹 晩蟬吟
역 진 신 피 무 소 멱　　단 문 풍 수 만 선 음

우거진 수풀 헤치고 뒤쫓아서 갔는데
물과 산이 넓어서 길은 더 깊네
탈진하고 피로해 찾지 못한데
석양에 매미 소리만 나무에서 들리네.

二. 견적(見跡, 발자국을 보다)

水邊林下 跡偏多　　芳草離披 見也麼
수 변 임 하 적 편 다　　방 초 리 피 견 야 마

縱是深山 更深處　　遼天鼻孔 怎藏他
종 시 심 산 갱 심 처　　요 천 비 공 즘 장 타

물가의 나무 아래에 발자국이 많구나
향긋한 수풀 헤치고 발자국을 봤는가?
깊은 산 더욱 깊은 곳 찾기 힘든 데라도
뻥 뚫린 하늘 아래에 몸을 어찌 숨기랴.

三. 견우(見牛, 소를 보다)

黃鶯枝上 一聲聲	日暖風和 岸柳靑
황 앵 지 상 일 성 성	일 난 풍 화 안 류 청
只此更無 廻避處	森森頭角 畵難成
지 차 갱 무 회 피 처	삼 삼 두 각 화 난 성

가지에는 신나는 꾀꼬리 노래
언덕에는 버들이 춤을 춤이여
하지만, 이렇게 다시 피치 못할 곳에서
소 모습 어른거려도 그리기는 어렵네.

四. 득우(得牛, 소를 얻다)

竭盡精神 獲得渠　心强力壯 卒難除
갈 진 정 신　획 득 거　심 강 력 장　졸 난 제
有時繞到 高原上　又入烟雲 深處居
유 시 재 도　고 원 상　우 입 연 운　심 처 거

온 정신을 다 쏟아 붙잡았어도
거치른 마음 행동에 다스리기 어렵네
어느 땐 높은 언덕에 뛰어 올라 갔다가
또다시 구름 안개 속 깊은 곳에 숨나니.

五. 목우(牧牛, 소를 길들이다)

鞭牽時時 不離身　　恐伊縱步 入埃塵
편 견 시 시　불 리 신　　공 이 종 보　입 애 진

相將牧得 純和也　　鞭鎖無拘 自逐人
상 장 목 득　순 화 야　　편 쇄 무 구　자 축 인

채찍 고삐 잠시도 떼지 않음은
티끌 속 빠져 들까봐 걱정되서 그러네
서로가 잘 길들여 온순해지면
구태여 묶지 않아도 절로 사람 따르네.

六. **기우귀가**(騎牛歸家, 소를 타고 집으로 돌아오다)

騎牛迤邐 欲還家　　羌笛聲聲 送晚霞
기 우 이 리 욕 환 가　　강 적 성 성 송 만 하
一拍一歌 無限意　　知音何必 鼓脣牙
일 박 일 가 무 한 의　　지 음 하 필 고 순 아

　소를 타고 한가히 귀가하는 길
　삘릴리, 피리소리에 붉게 타는 저녁놀
　한 박자 한 노래 가락, 무한한 이 감동을
　지음知音은 입을 열어서 하필 말을 하려나.

七. 망우존인(忘牛存人, 소는 없고 사람만 남다)

騎牛已得 到家山　　牛也空兮 人也閒
기 우 이 득　도 가 산　　우 야 공 혜　인 야 한

紅日三竿 猶作夢　　鞭繩空頓 草堂間
홍 일 삼 간　유 작 몽　　편 승 공 돈　초 당 간

고향 산에 소 타고 돌아와 보니
소가 없고 사람만 한가함이여
해가 떠 한낮인데도 꿈에 빠진 나그네
초당엔 채찍 고삐가 쓸모없이 걸렸네.

八. **인우구망**(人牛俱忘, 사람과 소가 모두 없다)

鞭牽人牛 盡屬空　　碧天遼闊 信難通
편 견 인 우 진 속 공　　벽 천 요 활 신 난 통

紅爐焰上 爭容雪　　到此方能 合祖宗
홍 로 염 상 쟁 용 설　　도 차 방 능 합 조 종

채찍 고삐 사람 소, 다 사라졌네
천하에 청천 소식을 무슨 수로 전할까
벌겋게 달은 난로에 눈송이가 견디랴
이제사 조사의 뜻과 하나되었음이여.

九. 반본환원(返本還源, 본래 자리로 돌아오다)

返本還源 已費功　爭如直下 若盲聾
반본환원 이비공　쟁여직하 약맹롱

庵中不見 庵前物　水自茫茫 花自紅
암중불견 암전물　수자망망 화자홍

본래의 자리 오려고 사서 고생하였네
가엾다, 맨처음부터 농아됨만 같으랴
절경이 집 앞인데도 잘 보이지 않았네
유유히 강물 흐르고 꽃은 붉게 피누나.

十. 입전수수(入鄽垂手, 시중에 들어가 솜씨를 나타내다)

露胸跣足 入鄽來　　抹土塗灰 笑滿顋
노 흉 선 족 입 전 래　　말 토 도 회 소 적 새

不用神仙 眞秘訣　　直教枯木 放花開
불 용 신 선 진 비 결　　직 교 고 목 방 화 개

거리에 앞가슴 열고 맨발 벗고 뛰었네
흙먼지 덮어쓴 얼굴 염화미소 번져라
신선의 비결 같은 건 한 점 쓰지 않아도
봄이면 매화 고목에 향기 그윽함이여.

🌿 **해설**

심우도

십우도라고도 한다. 대웅전 벽에 많이 보이는 벽화이다.

깨달음의 마음을 길들여진 순한 소에 비유하여 열가지 그림으로 표현한 것이며 십우도 화제畵題가 10편의 게송인 것이다.

🌿 **지음**知音

지음은 열자列子에 나오는 고사로 지음지교知音之交의 줄인 말이다. 곧 자기 마음을 알아주는 친구, 자기 소리를 듣고 자기를 알아주는 절친한 친구의 사귐을 말한다.

때는 춘추시대였다.

어느 해 추석 무렵에 대부大夫 벼슬을 지내는 거문고 명인 유백아兪伯牙와 시골 농사꾼 종자기種子期 사이에서 일어난 아름다운 인연 이야기이다.

유백아는 본디 초楚나라 사람이었으나 진나라에서 벼슬을 하고 있었다. 한번은 조국 초楚나라에 사신으로 가서 오랜만에 고향을 방문하였을 때였다.

추억 속에서 옛고향 샘물을 떠서 한 모금 마셨다. 물맛이 여전히 달았다.

밤이 되었다. 때마침 추석 무렵이라 달이 휘영청 밝았다. 그는 객의 흥에 못 이겨 뒷산을 올라가 거문고를 뜯었다.

이때였다. 나무 그늘 아래 몸을 숨기고 가만히 그의 연주를 듣고 있는 사람이 있었다. 잠시 연주를 멈춘 백아가 말하였다.

"거기 뉘십니까? 왜 숨어서 듣습니까?"

조심스럽게 모습을 드러낸 자가 대답하였다.

"아, 네. 어르신께 방해가 될 것 같아서 그랬습니다. 미천한 저를 용서해 주십시오."

외모가 허름한 젊은 나무꾼이었다. 이름은 종자기였다. 의외로 종자기는 거문고 연주를 꿰뚫고 있었다.

백아는 깜짝 놀랐다.

산의 웅장한 모습을 표현하면 그대로 알아차렸다.

"멋있어, 높은 산들이 눈앞에 보이네!"

또 백아가 흐르는 강물, 격류激流의 우렁찬 기상을 생각하고 거문고를 타면 종자기가 감탄하였다.

"시원해, 격랑의 물이 눈앞으로 흐르네!"

나무꾼은 정확하게 맞혔다. 백아는 무릎을 치면서 말했다.

"그대야 말로 진정 소리를 아는[知音] 사람이오."

헤어질 때였다. 두 사람은 의형제를 맺고 다음을 기약하였다. 내년에 다시 만나자는 약속이었다.

"장소는 여기, 시간은 지금 추석 때지요."

이듬해 추석 무렵이었다. 백아가 종자기를 약속 장소에서 기다렸으나 그는 저 세상 사람이 되어 돌아오지 못하였다.

백아는 종자기의 묘를 찾아가 술잔을 올리고 애도의 거문고 한 곡을 뜯었다.

그 후 백아는 거문고 줄을 칼로 끊어버린 다음 다시는 거문고를 타지 않았다고 한다. 이 세상에서 자기 거문고 소리를 알아 줄 사람이 없다고 생각하였기 때문인 것이다.

대은귀감 大隱龜鑑

선월禪月 관휴貫休 스님이 쓴 숨어 사는 사람의 귀감서

1. 在塵出塵　如何處身
   재 진 출 진　여 하 처 신

   見善努力　聞惡莫親
   견 선 노 력　문 악 막 친

   티끌에서 티끌을 벗어나려면
   어떠하게 처신을 해야 하는가?
   착한 것을 보려고 노력을 하되
   악한 것은 들으려 하지 말지니

2. 縱居暗室　如對大賓
   종 거 암 실　여 대 대 빈

   樂情養性　逢危守貧
   낙 정 양 성　봉 위 수 빈

   암실 같은 방에서 있을지라도
   귀빈들과 마주한 자리로 삼고
   활발하고 뜻대로 적극적이되
   위태하면 가난을 지켜 갈지니

3. 如愚不愚　修仁得仁
   여 우 불 우　수 인 득 인
   謙讓爲本　孤高作隣
   겸 양 위 본　고 고 작 린

   어리석은 듯해도 바보 아니고
   인자함을 닦아서 덕스러웠네
   겸손함과 사양을 뿌리로 삼고
   고고함과 청정을 도반 삼나니.

4. 少出爲貴　少語最珍
   소 출 위 귀　소 어 최 진
   學無廢日　時習知新
   학 무 폐 일　시 습 지 신

   바깥출입 적어야 좋은 것이고
   말하는 것 적어야 으뜸 보배라
   공부에는 날마다 쉼 없이 하여
   무위법을 확연히 깨달을지니.

5. 榮辱愼動　是非勿詢
　　영 욕 신 동　시 비 물 순
　　常切責己　切勿尤人
　　상 절 책 기　절 물 우 인

　　영예 굴욕 마음에 동하지 말고
　　시비 분별 생겨도 말하지 말라
　　제 잘못을 철저히 아는 사람이
　　허물일랑 남에게 떠넘길 건가.

6. 抱璞刖足　興文厄陳
　　포 박 월 족　홍 문 액 진
　　古聖尙爾　吾徒奚伸
　　고 성 상 이　오 도 해 신

　　금옥 보배 가져서 뒤꿈치 잃고
　　문치 정치 하려다 한방 나갔네
　　옛 성인도 오히려 이러한 것을
　　우리들은 어떻게 처신을 할까.

7. **安聞世俗　自任天眞**
　　안 문 세 속　자 임 천 진

　奇哉快哉　坦蕩怡神
　　기 재 쾌 재　탄 탕 이 신

세상사를 들어도 편안하여라
천진난만 웃으며 살아가는 길
아름답고 기뻐라, 유쾌하여라,
열린 마음 그대로 진정 자유인.

강설

　정해년 설날 아침에 선월 관휴 스님이 그린 아라한도 한 점이 아란야에 들어와 좌선실 벽에 걸어두고 시간 나는 대로 감상하는 시간을 갖는다.

　산승은 이 분야의 전문가가 아니나 그냥 느끼는 대로 다음 몇가지를 정리해 본다.

　첫째, 파격적인 자세

　가부좌를 하고 허리를 곧게 세운 자세가 아니다. 마치 툇마루에 앉아 따뜻한 햇볕을 쬐고 앉아있는 시골 할아버지 모습 같다.

　깨달은 성자라고 하면 으레 기품이 있는 자세일 것 같지만 그게 아니다. 파격적 아라한도가 재미가 있는 것은 바로 이점이다.

둘째, 강인함과 부드러움이 같이 풍기는 표정

불상을 조성하는 뛰어난 불모는 부처님 얼굴에 강함과 부드러움이 동시에 담긴 얼굴 표정을 중시하였다. 달리 말하면, 어머니의 대자대비의 부드러움과 아버지의 반야 지혜의 강인함이 한 표정에서 읽을 수 있어야 성공한 탱화라는 뜻이다.

이 아라한 역시 강함과 부드러움을 동시에 갖추고 있어 볼수록 좋은 점이 느껴진다.

셋째, 화가와 무위법의 공부인

흔히 뛰어난 선화가라고 해도 선의 경지가 깊은 경우는 많지 않고 또한 선사의 선화는 전문 불모 보다는 그림이 뛰어나지 못하다.

화가 겸 선사라면 대단한 것인데 선월 관휴 스님이 이 둘을 겸한 분으로 알려져 있다.

우리나라에서는 인간문화재 석정 스님이 그런 분이 아닌가 생각한다.

옛 시에서는 말한다.

큰 숨음은 도시 속 같은 것이고　大隱隱朝市,
산속에서 숨음은 작은 것이니라.　小隱隱丘墳

   대도시 중심지나 시장 바닥에 사는 사람이 크게 숨어 사는 사람이고 이와 달리 산중에 사는 사람은 적게 숨어 사는 사람이라는 뜻이다.

   무슨 일이 생겨서 세상 밖으로 깊이 숨으려는 사람은 도심지로 들어가 숨어야 제대로 숨는다.

   섬이나 산중은 곧 이방인의 행적이 드러나기 마련이다.

   이 시를 이해한다면, 대은귀감의 글은 도심지에 사는 생활인을 대상으로 한 법문이다.

관휴(貫休, 832-912, 81세) 스님

   절강성 난계 땅에서 강姜 씨의 아들로 태어났다.

   당唐 천복天復 연간에 촉蜀 나라에 들어가 지낼 때에, 촉나라 왕이 선월禪月 대사大師란 호를 올렸다.

   17세 때에 선종 사찰에 입문 출가 하고 30세 때에 공부가 깊이 있는 데에 올랐다. 선승의 선화가로 이름을 날렸고 시도 잘 지었다.

   특성은 전통 기법을 벗어나 선이 자유로우며, 이국적인 서역인 모습의 선승을 주제로 그렸다.

   일화 하나가 있다.

   신통이 자재한 부처님 제자 등 아라한 열다섯 분을 일찍 완성해 두고 있을 때였다.

　어느 날, 홀연 선정 삼매에서 깨어 일어나 자기 모습을 그려 넣어서 열여섯 분 아라한을 다 채웠다.

　기록에 따르면, 일본 동경 국립박물관에는 그의 유명한 16 아라한도가 남아있어 지금도 볼 수 있다고 한다.

비온 뒤에 무성한 조롱박 넝쿨

2007년 11월 20일 초판인쇄
2007년 11월 27일 초판발행

글쓴이 | 지 묵
펴낸이 | 김 동 금
펴낸곳 | 우리출판사

교   정 | 청련화 · 자비행
아란야사진 | 高岡秀暢 (일본 나고야 덕림사 주지)
심우도사진 | 안 장 헌 (문화재 전문 사진작가)

등   록 | 제9-139호
주   소 | 서울시 서대문구 충정로3가 1-38호
전   화 | (02) 313-5047 · 5056
팩   스 | (02) 393-9696
이메일 | woribook@chol.com

ⓒ 지묵 2007, Printed in Korea

ISBN 978-89-7561-259-6 03220

정 가 10,000원